自治体、小中高大学など教育機関、企業の相談窓口にかかわる方の必携書

性的マイノリティ サポートブック

編著●社会福祉法人共生会SHOWA

協力　NPO法人共生社会をつくるセクシュアル・マイノリティ支援全国ネットワーク

かもがわ出版

装 丁／大津千秋
DTP／小國文男

刊行によせて

　日本初の系統的なセクシュアル・マイノリティ支援者のための講座が一冊の本に。生きづらさを抱えて格闘してきた当事者の生の言葉に、行政や学校、企業の相談担当者たちは揺さぶられた。

　単発の啓発講座ではなく、系統的な実践講座記録をぜひ共有してほしい。あなたの手で、多様性の承認された社会をつくるために。

世田谷区長

保 坂 展 人

　性的マイノリティは昔からいたし、悩みの質もさほど変わらないはずだが、誤解、社会的偏見、研修機会の不足等で、対応にとまどう相談員は多い。本書は、そんなとき頼りになる相談支援の羅針盤。自分自身を含め、誰もが「多様な性」の一部であることを認識し、ともに歩むための一冊です。

NPO法人共生社会をつくるセクシュアル・マイノリティ支援全国ネットワーク（略称　共生ネット）共同代表

原 ミ ナ 汰

はじめに

　世田谷区は2015年11月、渋谷区とほぼ同時期に、同性パートナーシップ宣誓制度を導入しました。これは、性的マイノリティを理由に差別されることなく、多様性を認め合う地域社会をつくっていこうという「人権尊重」の取り組みの一つとして、全国に先駆けて導入した制度です。2021年8月末現在、この宣誓を行った世田谷区在住の同性カップルは164組にのぼりました。世田谷区・渋谷区の導入以来、全国でもこの取り組みが進み、2021年4月1日時点で導入自治体は100に達し、日本の総人口の3分の1以上をカバーするまでになりました。

　社会福祉法人共生会SHOWA（理事長　坂東眞理子）では、世田谷区から管理運営を委託されている世田谷区立男女共同参画センターらぷらすにおいて、2015年から、性的マイノリティ支援グループである、NPO法人共生社会をつくるセクシュアル・マイノリティ支援全国ネットワーク（共生ネット）、NPO法人ReBit、NPO法人レインボーコミュニティcoLLaboと共に、性的マイノリティ当事者と支援者のための居場所事業「世田谷にじいろひろば」を開始し、2017年からは性的マイノリティのための相談事業をスタートさせました。
　これらの経験を踏まえ2018年、世田谷区立男女共同参画センターらぷらすは、「セクシュアル・マイノリティ支援者養成研修講座」を開催することにしました。日本でも人口の1割※は存在するといわれるセクシュアル・マイノリティへの支援は、人権政策としても重要な課題として取り上げられていますが、支援に必要な人材養成のための本格的な研修事業はいまだ、国でも自治体でもあまり行われておらず、各地で相談員など支援者の不足状態が続いています。（※株式会社LGBT総合研究所〈博報堂DYグループ〉の2019年調査）

　「セクシュアル・マイノリティ支援者養成研修講座」は、各地の自治体、男女共同参画センター、小・中・高校・大学等教育機関、企業等で性的マイノリティの支援にあたる相談員、教員、人事担当者などからの、系統的・実践的な研修を受けたいという切実なニーズに応えることを目的に、共生ネットの協力を得て企画しました。基礎編1日4コマ×4日間、実践編1日3コマ×4日間のプログラムで、性的マイノリティへの支援に必要な知識を習得することに加え、対人援助のスキルの向上、マインドの醸成を図るよう構成しました。
　開講すると、世田谷区内のみならず各地から受講者が集まりましたが、加えて、同様の

プログラムを使って地元で支援者を養成したいという自治体等からの申し出もあり、性的マイノリティのための支援者養成が急務であることがうかがえました。そこで、2020年にオンラインも併用して開講した基礎編４日間の研修内容を１冊のテキストにまとめ、出版し、広くニーズに応えることとしました。

　本書は、「セクシュアル・マイノリティ支援者養成研修講座《基礎編》」における各講師の講義を、資料等も収録し、わかりやすく編集したものです。すでに性的マイノリティの支援の現場で活動している相談員の方たちだけでなく、自治体や教育機関、企業等で当事者や家族などからの相談を受けている方、人事・労務担当者として組織内の性的マイノリティ支援を計画する立場にある方、また、そのような活動を今後予定されている方などに活用していただき、日本における性的マイノリティ支援の拡充の一助になれば、幸いです。

　なお、本書のもとになった研修講座のタイトルは「セクシュアル・マイノリティ支援者養成研修講座」でしたが、本書は『性的マイノリティ サポートブック』として、「性的」の言葉にセクシュアルとジェンダーの意味を含めました。また、講師（著者）によって、セクシュアル・マイノリティ、性的マイノリティ、LGBT、LGBTQ＋、SOGI等さまざまな言葉を使っていますが、敢えて統一を図らず、講師（著者）の表現にゆだねています。これらの言葉については、Lecture1に詳しいので、ご参照ください。

　2021年10月

社会福祉法人共生会SHOWA　副理事長
世田谷区立男女共同参画センターらぷらす　前館長

桜 井 陽 子

もくじ

性的マイノリティ サポートブック

I　支援の前に

II　支援の現場から

III　公的支援を使うために

Ⅳ　こころと身体

Ⅴ　生活の場で

I
支援の前に

Lecture 1

セクシュアリティとジェンダー

性の多様性を理解する

大賀一樹 　NPO法人共生ネット共同代表
臨床心理士、公認心理師

1 　セックス、セクシュアリティ、ジェンダーを理解する

「セックス」と「セクシュアリティ」の違い

　「セクシュアリティとは？」をきちんと理解するために「セックス」や「ジェンダー」という言葉と対比させながら考えていきましょう。

　セクシュアリティは、「セックス」という概念が発展的に理解されてきたものとして登場しました。まずはセックスについて説明します。セックスは「雌雄的な生き物として、形態の差異を中心として構成された概念」とされています。つまり**セックス**は、目に見える、あるいは科学的に可視できる"違い"のみを明らかにする概念です。

　一方、**セクシュアリティ**は、もっと複雑で「目に見えない、あるいは理論上想定可能な"違い"」を扱う概念です。セクシュアリティの定義は、「人間の性行動にかかわる心理、欲望、観念と意識、性的指向と対象選択、慣習と規範などの集合」とされています。

「ジェンダー」の台頭

　「ジェンダー」という言葉について説明します。先にセックスとセクシュアリティの違いに言及しましたが、この2つの考え方はあくまで誰か対象者がいて、その間で起こる性的な行為と欲望についての概念に終始していました。一方、人間は性別を性行為のために存在するものとは考えず、自分自身を生き抜くために、自分が何の性別であるのか、ないのかという「自身を認識するためのアイデンティティ」という側面としても、性という概念をとらえていました。

セックス（目に見える違い）の代表例

　骨格、外性器・内性器、性腺、化学物質生産、生殖細胞、生殖管、エストロゲン（女性ホルモン）、アンドロゲン（男性ホルモン）、性染色体、分界条床核など。

セクシュアリティ（目に見えない違い）の代表例

　性的アイデンティティ（LGBTQ等）、性的指向、恋愛指向、フェティシズム、性的欲望／欲求、パートナーとの関係性、ボディ・イメージ、承認欲求、性別役割、性別規範など。

そして、どんな性の欲望をもつのか、誰を愛するのかとは関係がなく、自分がただ何の性別であるのかを言い表すときに、最初につけられた言葉が「ジェンダー」という言葉なのです。

　しかし弊害も生まれました。ジェンダーを見極めようとするあまり、「男というジェンダーはこうあるべき、女というジェンダーはこうあるべき」という性別へのステレオタイプがどんどん生まれていくことになります。例えば、家事や子育てをするのは「女性」、仕事に出てお金を稼ぐのは「男性」などのような過度の一般化やイメージの貼り付けなどをいいます。しかし、トランスジェンダーの人々が可視化されていくにしたがって、多様なジェンダーがあることが認識されたり、あるいは従来の男性や女性というジェンダーに対する見方も「固定的」ではなく改められるようになってきました。このようにジェンダー全般を総合的に問い直し、探求していく学問がジェンダー論や、フェミニズム、クィア・スタディーズ等といわれています。

セックス、セクシュアリティ、ジェンダーの関係性

　図表1は、アメリカの精神科医ジョージ・エンゲルが1970年代に

図表1　性の多様性・多層性のまつわる課題

生物：
生殖器の性（種類・形状）、その他身体の解剖学的性、男性ホルモン、女性ホルモン）、性染色体（X/Y等）、性腺、恋愛感情（恋愛指向）、性的指向、性自認など

心理：
セクシュアリティの分類・強度・流動性、ジェンダー・アイデンティティ（性同一性）の分類・強度・流動性、ボディ・イメージと性表現の分類・強度・流動性（服装、髪の長さ、体格、口調、仕草・振る舞い）、スキンシップを行える（行いたい）性、性行為を行える（行いたい）性、パートナーシップをどうもつか・どう続けたいか、性に関する治療・手術を望むかなど

社会：
①文化的規範：戸籍や書類、氏名等を基に判断し求められる性別役割（男性的／女性的）、性表現を基に求められる性別役割（男らしさ／女らしさ／オネエらしさ／中性らしさ等）、異性愛中心主義（他者が異性愛者であるという前提で話すこと）、シスジェンダー中心主義（他者がトランスジェンダーではないという前提で話すこと）、モノアモリー中心主義（他者がポリアモリーではないという前提で話すこと）、恋愛至上主義（他者が恋愛感情を抱くという前提で話すこと）、婚姻至上主義（他者が結婚したいという願望をもっているという前提で話すこと）など
②司法・法律：戸籍あるいは身分証明書上の性別やその変更、書類上の性別やその変更、氏名の性別やその変更、パスポートの性別表記や変更、婚姻システムがあるかなど

筆者作成、生物心理社会モデルを援用

提唱した生物心理社会モデルを援用し、筆者が作成したものです。

　人間が文明と社会性を高度に発展させた現代において、ジェンダーの果たす役割が大きく、その抽象度は果てしなく広いため、それを一番大きく描いています。そこに内包されるように、セクシュアリティとされる領域と、セックスとされる領域を示しました。これはそれぞれの領域でどんなトピックが考えられるかを提起しており、どんな人間であっても、ジェンダーやセクシュアリティとは切っても切れない生活を送っていることを端的に図解しています。

2 ５つの性の構成要素を理解する

　いま説明したセックスやセクシュアリティ、ジェンダーを私たちがどのようにまとっているのかについて、５つの構成要素を軸に説明します。

図表2　５つの性の構成要素

性的指向（好きになる性）
(Sexual Orientation)

性自認／性同一性（こころの性）
(Gender Identity)

割り当てられた性別（戸籍・身分証上の性）
(Assigned Gender)

性表現（表現したい性）
(Gender Expression)

身体的性、体の性の特徴（からだの性）
(Sex Characteristics)

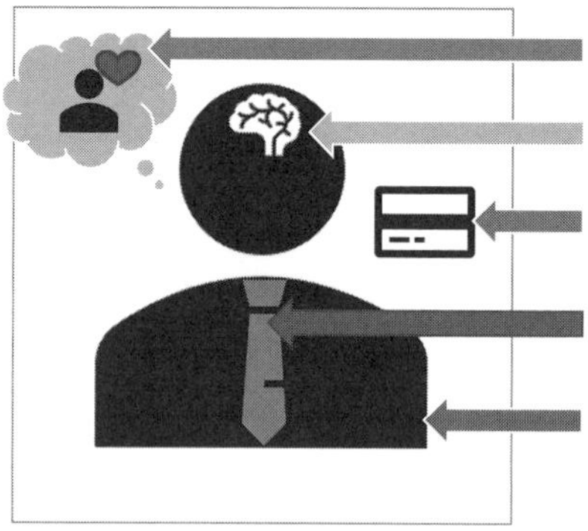

筆者作成

性自認／性同一性

　まず、性自認／性同一性と訳される要素についてです。英語でGender Identityといいます。前節で、ジェンダーという言葉が身分証明であったり、本人のアイデンティティであったりすると説明しましたが、ジェンダーという言葉をさらに細分化して、とりわけ自分のアイデンティティを示す言葉として誕生したのが、このGender Identity、つまり性自認／性同一性という言葉です。

　性自認は、自分の性別をどう思うかという意味です。大まかに分

けたとき、多くの人は「自分は男性だ」という認識と「自分は女性だ」という認識に収束しますが、それだけではありません。例えば自分が「男でも女でもない」とか、「少なくとも私は男性ではない」とか、「どちらかというと女性寄りかな」とか、「私は自分の性別が何かという感覚自体が薄い」とか、「私は絶対に男性だ」など、それぞれ多様な感覚をもっている要素です。つまり性自認は感覚の差異の話ですので一人ひとり違うことが当然です。性自認を尊重しようと最近よく謳われているのは、性自認が自分らしめるアイデンティティとしての機能を果たすからであり、これを否定されることはその人自身や存在を否定されることにつながるからです。

性表現

　2つ目の性表現は、その人がどんな性別表現をしたいかに言及している要素です。服装や身に着けるアイテム、髪型やその長さ、化粧やネイル、匂い、肌のキメ、肌の色、仕草や振る舞い、話し方や声のトーン、表情、歩き方など、さまざまに考えられます。私たちは主観的に憧れたり、似せたいと考えたりする人やものを表現したり、逆にこうは見られたくないものを消去したりして、表現をしています。その表現はみなさんもすでに実践されているように多様です。

身体的性、体の性の特徴

　3つ目、身体的性、体の性の特徴という要素についてです。英語ではSex Characteristicsと呼ばれており、冒頭に説明したセックスにおける要素の特徴を示す概念であり、一般的に広く普及しています。身長や体重、骨格やサイズなどといった外見上の特徴ももちろん、内性器や外性器、ホルモンバランスなど、一見してわからない特徴なども含まれています。この要素も一人ひとり異なり、多様です。

性的指向

　4つ目、性的指向という要素についてです。性的指向は、端的に**「誰を好きになるか」**を説明する要素です。男性を好きになるのか、女性を好きになるのか、男性も女性も好きになるのか、性別にこだ

> **「誰を好きになるか」**
> 　「好きになる」という概念は非常にあいまいであり、好きになるというとき、ロマンティックな恋愛感情という要素や、性的欲求や欲望、エロスとして性的に惹かれる要素、一生涯のパートナーとしてともに歩みたいという要素、さらにLOVEではなくLIKEとしての「好き」も入るかもしれない。どの次元での「好き」であるかは、当人にしかわからず、どの次元にも優劣はないため、性的指向といっても、さまざまな次元の感情が存在していることは念頭に置く必要があるだろう。

わらず好きになるのか、誰も好きにならないのか、などの多様性があります。

割り当てられた性別

　最後に、割り当てられた性別という要素についてです。5つの構成要素のなかで唯一、多様性を認めていない要素です。これは先ほど性自認の要素のときにも少し触れましたが、社会文化的に組み込まれている身分証明としての性別です。国内では戸籍制度のなかで、性別を2つに分けることが規定されており、これこそが性別を男女に分ける最大の要因といっても過言ではありません。

　実際、まだまだ非常に多くの場面で性別をチェックされており、その代表例が学校教育です。地域や学校にもよりますが、「ぼく」「わたし」といった一人称やランドセル、制服、体操服、持ち物や、席順、配布される道具、トイレ、更衣室、役割、係や委員会活動、行事、教員の発言などに男女別の要素が意図的にも非意図的にもメッセージとして刷り込まれています。ここで多くの人々は、**「性別は2つに分かれるべきだ」**という論理を学習します。

3 LGBTQ+のさまざまな分類と人口統計

LGBTとは

　まずは、セクシュアル・マイノリティを語る上で、代表的とされる4つの分類である、レズビアン、ゲイ、バイセクシュアル、トランスジェンダーについて説明します。

　レズビアン・ゲイ・バイセクシュアルは、性的指向に関する分類であり、誰を好きになるかに焦点が置かれています。一方トランスジェンダーは、自分の性別が何であるかという性自認に焦点が置かれています。レズビアンは、**女性とされる人**に性的指向が向く、女性自認の人やその状態とされます。次にゲイは、男性とされる人に性的指向が向く、男性自認の人やその状態とされます。そして、バイセクシュアルは、男性とされる人や女性とされる人のどちらにも性的指向が向く可能性のある人のことを指します。

「性別は2つに分かれるべきだ」
　性別二元論（性別二元性）といわれる。男女という2つのジェンダーのみが社会の想定であり、役割にとって重要な要素である、そしてそれ自体が秩序であり風紀であり、人間の心理社会的発達にとって自然なことだという考え方。多くのトランスジェンダーの人々の困難事例では、この男女二元論が強固で、本人の性自認よりも社会的な秩序の方が優先される文化が形成されていることが、要因や遠因となっていることが多い。

女性とされる人
　女性と「される」とわざわざ書いたのは、相手の性自認が何であるかは、一般的に確認していないことが多く、惹かれる瞬間や好きになる瞬間にはわからないことが多いという事実から、厳密には相手の性別を断定できていないため。

図表3　LGBTの説明

L・・・レズビアン（Lesbian）／女性同性愛（者）

・女性とされる人に性的指向が向く、女性自認の人や状態。

G・・・ゲイ（Gay）／男性同性愛（者）／（単に）同性愛

・男性とされる人に性的指向が向く、男性自認の人。あるいは「同性愛」全般を指して使う。

B・・・バイセクシュアル（Bisexual）／両性愛（者）

・男性とされる人や女性とされる人のどちらにも性的指向が向く可能性のある人（同時に２人好きになるという意味とは異なることに留意）。「対象となる相手の性別や性別概念にこだわらない」という意味を強調する、**パンセクシュアル／全性愛（者）**という言葉もある。

T・・・トランスジェンダー（Transgender）

・自身の生まれもった体（Sex）、あるいは割り当てられた性別（Assigned Gender）に対し違和感があり、それとは異なるジェンダー・アイデンティティ（Gender Identity）あるいは性別表現（Gender Expression）あるいはどちらももつ人や状態のこと。
・特に、抱えている性別違和感によって、社会生活上の支障を来す場合や、体の性的特徴を変更したい場合は、「**性別違和（Gender Dysphoria）**」や「**性別不調和／不合（Gender Incongruence）**」（旧：性同一性障害）という診断を受け、ホルモン療法や性別適合手術（SRS）によって「性別移行（Transition）」が行われる。
・また、体（sex）が男性とされ、ジェンダー・アイデンティティが女性の人を**MTF（Male to Female）**、体（Sex）が女性とされ、ジェンダー・アイデンティティが男性の人を**FTM（Female to male）**と診断する医学用語もある。医学以外の場では、前者を**トランス女性（Trans-woman）**、後者を**トランス男性（Trans-man）**と呼称することが多い。

筆者作成

　最後に、トランスジェンダーについてです。厳密に伝えるので、少しわかりづらいかもしれませんが、次のような説明になります。トランスジェンダーとは、「自身の身体的性別、あるいは割り当てられた性別に対し違和感があり、それとは異なる性自認・性同一性を認識しているか、あるいは性表現を行っているか、あるいはそのどちらも有している人やその状態のこと」とされています。整理すると、ポイントは２点あります。１点目は、何らかの性別違和感をもっていることです。２点目は、性自認もしくは性表現が、その人の身体的性別や身分証の性別に記載されているものとは異なっていることです。この２点がトランスジェンダーの定義では大きな特徴といえますが、両方を満たす必要はありません。またトランスジェンダーではない人々のことは、**シスジェンダー**（Cisgender）と呼んでいます。

　なお、**トランスジェンダーにおける用語**はさまざまにあり、「MTF／FTM」「トランス女性／トランス男性」、医療的な診断名として「性別違和（Gender Dysphoria）」「性別不調和／不合（Gender Incongruence）」などがあります。

> **シスジェンダー**
> 　自身の身体的性別、あるいは割り当てられた性別に対し違和感がなく、それらの性別と同一の性自認・性同一性を認識している人やその状態のこと。

> **トランスジェンダーにおける用語**
> 　現状は過渡期であるため、「性同一性障害（Gender Identity Disorder）」という表記も国内にはまだ多くあるが（2021年現在）、国際的な理解において、「性同一性障害」という診断名は旧来のものと認識されているため、今後は使用されなくなっていくと思われる。

このようなデータは
ほぼない。なぜなら、
2つの課題があるから
である。1つ目は、個
人に多様なセクシュア
リティやジェンダーが
あるという前提がそも
そも想定されておら
ず、男女二元論の考え
方が前提にある国では
統計を取る必要性すら
検討されないというこ
とである。2つ目は、
かりに個人のセクシュ
アリティやジェンダー
が多様だと知り、それ
を収集するとしても、
目的によっては個人に
あまりにも侵入的でハ
ラスメントに当たる可
能性があるということ
である。こういう倫理
的な課題を乗り越える
必要がある。

アメリカのデータは、
世論調査会社のThe
Gallup Organization
（本社ワシントンD.C.）
によって調査されてお
り、約4.5%という数字
が示されている。ヨー
ロッパのデータは、コ
ンサルティング会社の
Dalia Research（本社
ベルリン）によって調
査されており、国によ
り異なるが5.9〜10%
という数字が示されて
いる。

LGBTQに関する人口統計とさまざまな分類

　次にLGBTQの人口統計についてです。前提として、世界の統計にしても国内の統計にしても、**正確に政府が調査した統計データ**はほぼありません。従って、**図表4**で示している日本のデータは、政府ではなく企業の研究データによるものです。

　日本国内の調査として、主に広告代理店の電通と博報堂のそれぞれの研究チームによる調査が知られています。電通ダイバーシティラボの調査では、2019年に約8.9%という数字を示しました。また、博報堂の傘下にあるLGBT総合研究所の調査では、2019年に約10.0%という数字を示しました。国内の10〜11人に1人はLGBTQであることがこのデータからいえます。

　一方、行政の調査では大阪市の調査が有名です。この調査の結果は3.2〜16.8%と幅のあるものとなりました。いくつか理由がありますが、1つ目は、はっきりと自分がマイノリティだと認識し回答する人が少ないことと、2つ目は反対に、自分がマジョリティ、多数者だと認識し回答する人も少ない、という2つの理由が考察されます。つまり、そもそも自分が経験している性別や性のあり方がどんなセクシュアリティやジェンダーで言い表せるのかを知らない人が多いという根本的な課題があるのです。すべての人にとって自分のジェンダーやセクシュアリティを考える機会が重要だといえます。

図表4　企業・行政におけるLGBTQ統計調査結果

国	割　合
アメリカ（Gallup社、2017）	4.5%
ヨーロッパ（Dalia社、2016）	5.9〜10.0%
スペイン（同上）	6.9%
イギリス（同上）	6.5%
ドイツ（同上）	7.4%
日本（電通、2019）	8.9%（およそ11人に1人）
日本（博報堂、2019）	10.0%（およそ10人に1人）
大阪市（大阪市など、2019）	3.2〜16.8%（LGBTA=3.2%、その他=14.6%、異性愛者=83.2%）

図表5　さまざまな分類名

> **I・・・インターセックス、性分化疾患（DSDs）**
>
> ・「染色体や性腺、外性器の形状、膣・子宮などの内性器、性ホルモンの産生などが、男性ならばこういう体の構造でなければならない、女性ならばこういう体の構造でなければならないとされる固定観念とは、生まれつき一部異なる発達を遂げた体の状態」のこと（nexdsd JAPAN, 2020）。医学的には、性分化疾患（DSDs）と診断される。
>
> ・性の多様性におけるあり方の一つだが、実際はDSDsの多くの人々は、性的指向やジェンダー・アイデンティティに関して、**シスジェンダー／ヘテロセクシュアルであることが多いため、安易に「セクシュアル・マイノリティ」として扱うことで「曖昧な人々」という偏見を助長する可能性があること**に留意する必要がある。また、「インターセックス」というアイデンティティをもっているとは限らない。

> **Q・・・クエスチョニング／クィア**
>
> ・クエスチョニング：自身のセクシュアリティに悩んでいる人、あるいは迷っている人、あるいは模索中の人のこと。自身のマイノリティ性に気づいて間もない10代のLGBTQ当事者を一時的にそう呼ぶこともある。
>
> ・クィア：もともとは「変態」という意味であり、差別用語として使われてきたが、さまざまな例外・想定外・トラブル性をもつ当事者性、マイノリティ性のすべてに共通する言葉として、規範を批判的に問い直すさいに使う言葉であり、そのような存在。「アイデンティティなき概念」として常に「異常」と同定される側の立場から反乱を起こすための「キーワード」として用いられる。「Xジェンダー」は「クィア概念」の一つであり、日本発祥とされる。

> **A・・・アセクシュアル／アロマンティック／エース**
>
> ・性的指向（性的欲望や欲求、恋愛感情等）が特定の誰かに向くことがない人。特に性的欲望や欲求が誰にも向かない人を**アセクシュアル**、恋愛感情が誰にも向かない人を**アロマンティック**と呼ぶとされる。「惹かれる」という事象に対しての強度や幅に対して多様な状態や人を「エース（Ace）」と呼び、そのコミュニティを「エース（Ace）コミュニティ」と呼ぶこともある。

> **X・・・Xジェンダー**
>
> ・トランスジェンダーのなかでも、性自認が「男性でも女性でもない」や「男性でも女性でもある」「男性と女性の間」などの男女どちらかに収まりきらないとされる人のこと。例：男性の身体で生まれたが、「男性自認も女性自認もない／両方／中間」という人は、MTX（Male to Xgender）、女性の身体で生まれたが、「男性自認も女性自認もない／両方／中間」という人は、FTX（Female to Xgender）と呼ばれる。
>
> ・特に、抱えている性別違和感によって、社会生活上の支障を来す場合や、身体の性的特徴を変更したい場合は、「性別違和」や「性別不合」（旧：性同一性障害）という診断を受け、ホルモン療法や性別適合手術によって「性別移行」が行われる。
>
> ・当事者によって、Xジェンダー以外にも、ノンバイナリー（nonbinary）や、エイジェンダー（agender）、ジェンダー・クィア（gender queer）などと表現されることもあり、当人の表現が大切にされている。

筆者作成

　代表的なLGBTとその統計について説明しましたが、セクシュアリティやジェンダーはもっと多様です。LGBT以外の人々については、**図表5**を参考にしてください。

4　SOGIを理解する

　LGBTQそれぞれのあり方は一つひとつ違うわけですから、混同せずしっかりと尊重することが大事です。一方で、相談支援の現場はもっと流動的であり混沌としています。つまり、LGBは性的指向のことで、Tは性自認のことである、という基本的解釈はそのままにしつつ、相談現場ではもっと柔軟な姿勢が求められるということです。

> **SOGI**
> 　SOGIという表記は、英語の性的指向（Sexual Orientation）、性自認（Gender Identity）の頭文字をとって名づけられている。SOGIの呼び方は、固定化されていないが、ソジやソギ、エスオージーアイ等がある。

例えば、最初自分はレズビアンであると考えていた相談者が、あるとき男性とされる人に好意をもち、バイセクシュアルかもしれないと性的指向が揺れることもあります。また、性的指向と性自認がセットで揺れることもあります。自分がゲイだと思っていた相談者は、女性の服装をすることが好きなだけで性自認は男性だと思っていたが、もしかしたら自分は女性としての生活を望んでいるのかもしれないという相談です。このとき、「いや、あなたはゲイです」と断定したり、反対に「じゃあ、トランスジェンダーですね」と断定するのではなく、柔軟に本人の語りを重視していくことや、ともにそのプロセスを味わっていくスタンスが求められます。セクシュアリティやジェンダーは本人のアイデンティティに深く関わりつつも、固定的・画一的でないので、簡単に線引きすることはできないということです。

　こうしたなかでそれぞれのセクシュアリティやジェンダーを尊重していく態度として、一つの見解が国際連合から示されました。これがSOGIと呼ばれる概念です。これは、従来のLGBTQの人々の人権を尊重するだけではなく、もっと包括的な意味として、性的指向と性自認そのものの尊厳を尊重しようという態度です。ここでは、マジョリティかマイノリティかの立場を超えて、「どんな人を好きになってもよい」し、「自分の性別をどう認識してもよい」ことが基本理念として示されています。

　SOGIを尊重する態度にはさまざまなメリットがあります。LGBTQの人権を擁護することだけに焦点を当てた政策の場合、被害を受けたその人がLGBTQであるかどうかをわざわざカミングアウトしなければいけない、あるいはさせてしまう弊害がありましたが、SOGIの尊重であれば、その人がどんなジェンダーやセクシュアリティであるかは問われることなく、差別から救済されます。LGBTQ当事者の周囲にいる友人や家族についても、当事者ではないが広くSOGI差別の影響を受けているということで救済される余地が広がります。このように、SOGIを尊重する態度は、その人がマイノリティかどうかを暴露してしまうという最大の弊害を取り除きながら、性的指向や性自認の差別を許さない姿勢を示す意味で効果的な態度とされています。

SOGIを尊重する態度
　最近では、SOGIに追加して、性表現であるGender Expressionや、身体的性であるSex Characteristicsの頭文字も加え、SOGIESCと呼ばれることもある。読み方は固定化されていないが、"ソジエスク"ということが多い。

5 LGBTQが直面する課題

　性自認と性的指向、LGBTQが直面する課題について整理します。

　1つ目は、性自認に関する課題です。性自認においては、割り当てられた性別が二者択一であることにより、性別違和へのサポートや環境整備が一筋縄ではいかないことが挙げられます。さらに、性別移行や性別の自己決定という観点での柔軟性も乏しく、現行の性同一性障害特例法には、いくつもの厳しい要件があり、戸籍上の性別を変更するためには**数々の"試練"**を乗り越える必要があります。

　2つ目は性的指向に関することです。日本では、成人間で合意があればどのような性的指向であっても違法ではないものの、G7（主要7カ国首脳会議）諸国で唯一日本だけが同性結婚や「法的に承認されたパートナーシップ関係」を同性パートナーに対して付与していません。また、国外で同性結婚した人の日本国内での取り扱いについて、外務省は2003年から外交官や在日アメリカ軍関係者という一定の身分を有する人については、同性配偶者の日本への入国と在留に際し、事実上異性配偶者と同様の扱いをしてきましたが、**一般の人はこの特例を受けることができません** 。

　さらに、国内の法律が同性間のパートナー関係だけを「家族」として限定的に想定していることは、ほかにもさまざまなリスクや問題があります。その1つ目は、遺産相続や、病院の面会等で、家族とみなされず相続や立ち合いに大きな問題が発生することです。2018年に、40年続いた同性カップルの一方が亡くなったさいに、それまで2人で築いた遺産の相続権を、亡くなった方の親族によって否定され、火葬に立ち会うことさえ拒否された事件が起き、裁判になりました。大阪地裁は「内縁関係にあると言えず、居候という認識」という見解を示しました。

　2つ目は、同性間のDV（ドメスティック・バイオレンス）や同性間の性暴力などがあっても、「男性→女性」という異性愛中心の考え方が主流であるため、明らかにならないのが現実です。2018年には110年ぶりに刑法が改正され、性別を問わず被害が認められるようになりましたが、未成年の男性・少年被害やLGBTQの人々の

数々の"試練"
　現状、日本では法的な性別変更のプロセスで、医療サービスの利用を必須としている"医学モデル"を採用しているが、最近は、医療のプロセスなしに承認可能とする"人権モデル"についても議論されるようになっている。また、医療が必要なトランスジェンダーの一部の人々の費用負担については、保険診療の拡大の議論が続けられているものの、自費負担をしている人々が圧倒的に多い現状がある。

一般の人はこの特例を受けることができない
　一般の、例えば日本国籍を有するAさんのパートナーとして海外で同性結婚している外国籍のBさんは、在留資格が付与されないという実情がある。

被害について可視化していくことが必要です。

　3つ目は、LGBTQ全体に向けられている課題です。日本国内では「いないことにされ、存在を消去される」ことがしばしば起きます。例えば、国勢調査でも、同性で同居しているカップルが、世帯主と世帯主の配偶者として記入しても、「誤記」としてカウントされます。理論上記載が可能であるにもかかわらず、集計者の想定外だというだけで誤記とされるのは恣意的運用だとの批判があります。

　また、政治家などが、性的指向や性自認に優劣をつける発言をしたり、トランスジェンダーや同性愛者などへのステレオタイプな攻撃が行われることも多くあります。こうしたものは「SOGIハラスメント（SOGIハラ）」と呼ばれます。SOGIハラは、2020年に施行された**改正労働施策総合推進法**で、アウティングとセットで言及され、すべての企業にその防止策を講じることが義務づけられましたが、罰則規定はありませんので、どこまで浸透するかが今後の課題といえます。

6 現行の相談サービスの類型

　最後に、現行のLGBTQに関連する相談サービスの類型について整理したいと思います。

　1つ目は、セクシュアリティ、つまり性のあり方を限定しピンポイントで相談に乗るサービスです。例えば、ゲイの人々のための相談窓口や、交流場所、レズビアンの人々のための相談窓口や交流場所などが存在します。多くの施設や団体が、相談者と同じようなセクシュアリティの人によって運営されており、ピアサポートが提供されています。メリットは、ピンポイントで同じセクシュアリティの人々にアクセスできることですが、デメリットは性のあり方自体に迷っている人や、自分がどの分類かわからない人には敷居が高いということです。

　2つ目は、性的指向の課題のみ、あるいは性自認の課題のみといった、SO／GIのどちらかを取り扱っている相談サービスです。メリットは、その人が性的指向のこと自体で迷っている場合や、性自認の

改正労働施策総合推進法

　パワーハラスメント防止施策として定められた以下の措置は、段階的に企業等や自治体に義務づけられており、これらすべてがSOGIハラおよびアウティングにも適用されることとなっている。

①パワハラがあってはならない旨や懲戒規定を定め、周知・啓発すること

②相談窓口を設置し周知するとともに、適切に相談対応できる体制を整備すること

③パワハラの相談申し出に対する事実関係の確認、被害者への配慮措置の適正実施、行為者への措置の適正実施、再発防止措置をそれぞれ講じること

④相談者・行為者等のプライバシー保護措置とその周知、相談による不利益取り扱い禁止を定め周知・啓発すること

こと自体で迷っていて、はっきりと性のあり方がわからなくても相談できる点です。一方で、性的指向と性自認についてセットで悩んでいる場合は、敷居が高くなったり、縦割りでサポートを受けているような感覚を与えてしまうかもしれません。

　3つ目は、SOGI関連の悩みなら何でも受けるよろず相談サービスです。メリットは、当事者の相談だけでなく、家族、友人、支援者からの相談も受けられる点です。一方、数多くの相談事例に対するきめ細かい対応スキルが必要であり、相応の知識と経験を持った相談員が必要となります。

　4つ目として、従来の相談のなかにSOGI課題を追加する、あるいは含めて対応する相談サービスです。メリットは、いまある資源を利用するため、新たに予算をつけたり制度設計をしなくても比較的容易にサービスを開始できる点です。デメリットは、ただ項目を追加しただけの場合、いざ相談が入ったときに相談員に相応のスキルがなく、かえって二次被害を与えてしまうこと、あるいはSOGI関連の課題を「余力があれば聞けばいいもの」ととらえるサービス運用になる危険性があることです。

　行政サービスのなかで、SOGIに関連する相談窓口や相談を受けられることに言及する窓口が少しずつ増えてきていますので、支援者として困っている場合も活用することをお勧めします。

Q&A

Q　トランスジェンダーと性同一性障害の概念は違うものと理解していいのでしょうか？

A　正確にいえば、トランスジェンダーの人々の中に、性同一性障害の診断を受けている人がいる、といういい方になります。またトランスジェンダーはその存在自体やカテゴリーを指す言葉ですが、性同一性障害は医学用語であり診断名なので、その意味でも異なります。国内では特にホルモン治療や性別適合手術を望む方、戸籍上の性別変更を望む方が診断を受けることが多いとされています。

Q　同性愛やトランスジェンダーを差別する法律がイスラム圏などで法制化されていることが多い印象ですが、特定の思想や宗教的背景との関係はあるのでしょうか？

A　政治学や法学、文化人類学の領域にもかかわると思いますが、私は政治によってつくられてきた制度や法律は、多かれ少なかれその地域の宗教的背景や文化的背景の影響を受けていると考えています。ただし、例えば同じキリスト教やイスラム教であっても、解釈の異なる派閥がありますし、国によってとらえ方が異なる場合も多いので、宗教的背景のみで差別的であるかどうかを一括りに考えない姿勢も重要だと思います。

人権と偏見・差別
社会構造を読み解く

角田 由紀子 　弁護士

1　差別とは何かを考えるにあたって

定義がなければ始まらない

　広辞苑（第6版）は差別の定義を3つ書いています。「差をつけて取り扱う」「わけへだて」「正当な理由なく劣ったものとして不当に扱うこと」。私が問題にしたいのは3番目です。正当な理由とは何か、不当な取り扱いとは何かをどう考えるのか。判断の基準をどこに置くかというときに、私はやはり憲法だと思っています。憲法のなかでも**13条**、**14条**が手がかりになる。女性差別の問題に特化すれば、女性差別撤廃条約があります。その第1条は当然ながら差別の定義です。日本では女性差別撤廃条約を1985年に批准していますが、いまも差別の定義を持つ法律がありません。国連の女性差別撤廃委員会から、まず差別を法律的に定義しないと始まらないと、当然の指摘をされているのです。それなのに、日本にはいまに至るも差別の法的な定義がありません。例えばこの国にはセクシュアル・ハラスメントの法的な定義がないのです。

「差別」についての住井すゑさんの定義

　私が差別を考えるときに手がかりにしているのは、住井すゑさん（1902―1997年）という作家です。この方は被差別部落の問題を生涯かけて書き、『橋のない川』（1961年第一部、1992年第七部、新潮社）がその仕事の集大成です。

　私はほぼ50年前に住井すゑさんの講演を聞く機会がありました。住井さんは差別について、「自分の努力ではいかんともしがたいこ

と（出自や性別など）に基づいて不利益を受けること」と明快に定義されました。被差別部落の実態を小説に詳細に書いていくなかで、その検証の集約として差別とはこういうことだと話されたのです。具体的な事実の積み重ねの上に抽出されるものが定義になる。それが物事の本質を表すわけです。私はこれを聞いて深く納得したので、以後差別の問題はこの定義を手がかりに考えています。

　私が若い時代には学校教育で差別について教わったことはありませんでした。私の小学生時代はもう70年も前ですが、北九州に住んでいたので、周りには戦時中に炭鉱などに強制的に連れてこられた朝鮮人労働者が多く、クラスに在日韓国・朝鮮人が必ず1人か2人はいました。その子たちの国籍が違うと知っていたのですが、だからといって何とも思っていませんでした。ほかのクラスメートもそうだったと思います。いま思うとその子たちは通名（日本名）を使っていました。被差別部落も近くにあり、クラスに1人や2人は被差別部落の子どもがいました。私はそれが当たり前として過ごしていたので、世の中にいろいろな人がいることには驚きませんでした。ただ、被差別部落の人に対しては子どもでもそれとわかる差別的な扱いがありました。

手がかりは女性差別撤廃条約

　私が手がかりにするのは、女性差別撤廃条約（1979年国連総会で採択、日本は1985年に批准）です。第1条で規定される「女性に対する差別」の定義は「性に基づく区別、排除又は制限であって、政治的、経済的、社会的、文化的、市民的その他のいかなる分野においても、女性が男女の平等を基礎として人権及び基本的自由を認識し、享有し又は行使することを害し又は無効にする効果又は目的を有するもの」（下線は引用者）というものです。これは非常に大事です。「効果又は目的」とは、現実に差別の結果がまだ出ていなくても、そういう効果を持つもの、目的にしたものが実際に発生していなくても、そのこと自体が差別なのだということです。「性に基づく」をほかの差別に置き換えて、参考にすることができる差別の考え方だと思っています。

住井すゑ『橋のない川』
第一部初版本、新潮社
文庫刊、1961年

　主人公の男の子は奈良県の被差別部落に生まれた。小学生だった彼の成長とともに被差別部落の問題が描かれていく。彼は、当時「神」と教えられていた天皇が「穢多（えた）」と呼ばれる自分たち被差別部落の人間とまったく同じものを排泄しているのだ、天皇も自分と同じだと発見して驚く。にもかかわらず、自分と天皇の間にはこんなにも大きな隔たりがあるのはなぜかと考え始める。

FGM

Female Genital Mutilation（女性性器切除）の頭文字を取ったもの。女性外性器の一部あるいは全部の切除、時には切除してから外性器を縫合してしまう慣習のこと。アフリカを中心にさまざまな民族の伝統的な女児の通過儀礼として、2000年以上も続いているといわれている。

国連機関の発表によれば、2021年現在、2億人以上の女児、女性がFGMを受けている。FGMの対象になるのは、主に乳児から初潮前の少女だが、時には結婚直前や分娩直後の女性も含まれる。

以前は、「女子割礼」とも呼ばれたが、NGO「インター・アフリカン・コミッティ」の1990年の総会で、アフリカの女性たちが「女子割礼」ではなくFGM（女性性器切除）という言葉を使うことを決めた。

差別は人為的なものである

　もう一つ考えたいのは差別は人為的なものだということです。いまの社会では差別が自然現象ではないことはいくら何でも理解されていると思います。人間がつくったものである、だから変えることができる、ここが大事だと思います。

　例えば、長く続いていて「伝統」だといわれる人権侵害行為があります。アフリカや中東にあるFGM（女性性器切除）という風習です。女性運動をしている人や国連等では女性の人権侵害だと問題になるのですが、廃絶が難しく、その理由が「歴史であり伝統」だということです。そんなことをいうと、日本の戦前の家制度のように女性を差別するのも「歴史であり伝統」だということになってしまいます。

2　差別する人は、差別していることを知らない

「差別するつもりはなかった」という弁明

　差別をする人は差別していることを知らないということは、珍しくもない話です。女性やLGBTを差別をする人に差別だと指摘しても、「すみません、差別でした」などという人はいないでしょう。政治家の差別発言でも必ず「私は差別をしていません」といいます。

　ひどいのは「差別するつもりはなかった」という弁明です。これは法的にはまったく無意味です。そのつもりがあったかどうかの「故意」の問題ではなく、差別した事実と結果の存在が問題なのです。女性差別撤廃条約は、結果が発生していなくてもそうした効果を生み出すもの、そうしたことを目的にしたものを差別だといっています。つまり意思や意図の問題ではない、だから女性差別撤廃条約の定義が大事なのです。

　2020年9月に、自民党の杉田水脈議員がまた「女性はいくらでも嘘をつけますから」と発言しました。最初は事実を認めなかったのですが、発言があった会合に同席した自民党の人の「聞いた」という証言で、事実と認めました。「私はその女性を差別したつもりがなかった」といい、発言の撤回も謝罪もしません。つもりがあろ

うがなかろうが関係ない、つもりがあったら大変です。そこがわからない、わかっていてもそういわないのかもしれません。

不利益のない男性たち

　私は弁護士として女性差別の事件をたくさん扱ってきたので、女性差別の話が多くなりますが、ほとんどの男性は自分が女性を差別しているとは思っていないのが大きな問題です。

　何が女性差別か知らないのです。自分が男性であることで不利益を受けた経験がおそらくない。私は「男性だから差別を受けたことがある？　あったら3つくらいいってみて」とよく質問しますが、いえません。よく出てくるのは「女性専用車に乗れないこと」、もっとひどいのは「映画館のレディースデー・サービスの割引を受けられないこと」が男性への差別だというのです。男性だから女性より賃金が低いということはありません。女性であればその反対の体験は普遍化しています。他人の不利益への限りない無関心と、多数派に属していることの安心感。男性は数では多数派ではなくても社会の力関係と位置からいえば多数派と同じだから問題を感じないのです。

3 差別されていると思わないのはなぜ？

　差別されている当事者が、差別されていると思わないことがあります。「女性であることで優遇されたことはあるけれど、差別されたことはない」という人が結構います。

　差別が社会に広く存在し、周りの風景のなかに自然に溶け込んでいるせいで、それが人為的なものに見えてこないのです。なかでも性別役割分業は犯罪的です。性別役割分業は、男女の役割を分けることですが、男女をフラットに分けるのではなく、男が上、女が下と縦の関係に分け支配する土台をつくるのです。

被害告発と告白がセット

　差別されているのにそう思わない理由が、差別されている側がそれを告発する場合、結果的に自分に原因があったと告白したと受け

取られることがあります。つまり告発と告白がセットになっているのです。これを避けるために告発しないことで、差別が受け入れられたように見えるのです。例えば性暴力の被害者は女性が多いのですが、なぜ彼女たちが自分が被害を受けていることをいえないのか、それは「そういう被害に遭うのはあなたが悪いからじゃないか」といわれるからです。自分に落ち度があったことをセットにしてものをいっているように、聞いた方には受け取られがちなのです。

私が差別に気づいたのは

　私も子ども時代から明らかな女性差別を多く経験してきました。バカにされて悔しいという感情レベルの反発はあるのですが、誰も教えてくれなかったので、それを何と定義するのか、どういう社会的な構造で起きているのか知らなかったのです。理由がわからないので抗議のしようがなく、そうなると差別はしたい放題です。

　なぜわからなかったか。それは、周りを見れば私だけに特別に起きていることではなく、普通の景色だったからです。私の高校は公立の共学でしたが、教師も男子生徒も日常的に堂々と女子をバカにしていました。先生が女子生徒に向かって「女はバカだ」といいます。いわれた女子生徒は不愉快なのだけれども、普通に見てきた景色だったので、不当だと明確にとらえられないのです。女子生徒みんなに起きているとすると、世の中はそうなっているらしいと納得してしまうしかなかったのです。親も含めおとなのなかにおかしいと批判する人がいないのです。つまり的が絞れないから喧嘩もできない。私にとって大きかったのは、それまで感じていた怒りや不快感や違和感を表す言葉を知らなかったことです。

　大学生になり、1960年代前半の当時の言葉で「婦人問題研究会」というサークルがありました。いまなら「ジェンダー研究会」とか「女性問題研究会」というでしょう。入学式のときにのぼりを立てて新入生の勧誘をしていたサークルのなかで、私の目に飛び込んできたのが「婦人問題研究会」でした。何をやるのか知らなかったのですが、その文字を見たとたんに、私が高校時代ずっと言葉が見つけられなくて、でも不快だったこと、腹を立てていたことはこれだと直感し、走っていって入会したのです。

ベーベルの『婦人論』、エンゲルスの『家族、私有財産および国家の起源』など、いま思っても難しい本ばかりを読まされて、1年生でしたが上級生が議論をするのを聞いていると、私が不快に思っていた高校時代のあれは女性差別だったとわかってきました。差別、女性差別は歴史的で社会的であることをそこで学んだのです。

言語化する力が必要

　差別が「見える」ためには、景色のなかに溶け込ませないようにすること、ほかのことと違って見えることが大事です。見えるようになると、そのことを考えることができるようになるのです。

　差別的事実を的確に言語化する力が必要です。このことをあらためて思ったのは、セクシュアル・ハラスメントという言葉に出会ったときです。いま日本では「セクハラ」といわれています。性暴力もDV（ドメスティック・バイオレンス）もそうですが、それらの言葉を女性が獲得するまでは、見慣れた景色のなかに埋没している日常の出来事であり、だから名前を持たなかったのです。日本でも世界でも女性が家庭の外で賃労働者として働くようになってから、セクシュアル・ハラスメントは女性が働くことに「つきもの」のように女性たちにまとわりついてきました。女性であれば仕方なく起きることだと周りが扱って、女性もそう思わされてきたので、考えられるのは「どうやったらうまくかわせるか」くらいでした。

　アメリカでは1970年代に働く女性たちが雑誌のアンケート調査で、働く場面での不快なことを調査しています。賃金差別などとは違う、いまの言葉でセクシュアル・ハラスメントに当たる、女性が働きにくい環境をつくっているものがある。そしてそれには名前がないことがわかりました。そこで、繰り返される性的な攻撃「セクシュアル・ハラスメント」と名づけたのです。名前がないときはアメーバー状に物事が広がっているようなものでしたが、「セクシュアル・ハラスメントはこういう形をしているこういうものです」ということが言葉の獲得とともにわかってきました。そうすると「私も経験したことがある」と話すことができます。差別的な事実を的確に言語化する力が必要だと私は思っています。

　セクシュアル・ハラスメントという言葉を日本の女性たちが獲得

するのには、自分が受けた事実を勇気を持って告発する人が出始めたことが大きいのですが、「誰も文句をいわないのに、なぜあの人だけ文句をいうのか。そんなことをいうやつがおかしい」と、告発する側に問題があるようにいわれ、被害者はやむなく職場を辞める事例が多くありました。いまも珍しい話ではありません。男女雇用機会均等法に事業者の一定の義務が書かれ、会社にセクシュアル・ハラスメント防止のガイドラインや就業規則・規定があっても、「告発する人がおかしい」という話に引きずられることはよくあります。

4　差別がつくられる社会構造とは

差別は誰かがつくりだしている

　差別がつくられる社会構造とはどういうことなのでしょう。差別は人為的なものだから、誰かがつくったわけですが、では誰がつくったのか。

　差別とは支配をすることで、支配の現れ方の一場面です。にもかかわらず、「昔からそうなっているのだから、あなただけの話ではない。女が結婚すれば夫から殴られるのはお母さんもおばあちゃんもそうだったし、女だったら誰でも経験することなのよ」とごまかされてしまうのです。そうではなく、差別は支配の問題ですから、支配者はどこからその力を手に入れるのかという問題です。

　経済力、政治力に加えて社会で意思決定権を握っている人がいます。持っている人が、持っていない人を思うように支配でき、排除できるようになっています。利益を独占し、支配される人に不利益を与える。このような社会は民主的な社会ではないのですが、多くの社会ではそうなっています。民主主義が貫徹される社会とは、人が人を支配することがない平等な社会ですが、まだ私たちはそれを見たことがないので、どういうものかイメージしにくいのです。

　誰かを排除するのは、多数者（支配者）の安定を維持したいためです。少数者がいるから多数者は多数者でいられる、多数と少数の力関係の差が重要になってくるのです。

被差別部落の存在は天皇制の正当性を守る働き

　住井すゑさんが描いた被差別部落の存在は、天皇制の正当性を守る働きをさせられていました。「橋のない川」で繰り返し語られるのはそのことです。社会をピラミッドに例えると、一番下の存在があって一番上があります。一番上は当時でいえば天皇ですが、安定的に一番上にいるために最底辺の人たちの存在が必要であるということです。差別の貫徹は、天皇制の強化、安定に必須のものでした。朝鮮半島や台湾を日本が植民地にしたときも同じように支配しました。

　日本社会は、中世から続く被差別部落出身者への隠れた差別を温存してきています。それをなくすための方策は取られてきてはいます。以前は就職のさいに戸籍謄本を会社に提出させたのですが、いまは禁止されています。1999年に労働省（当時）が、企業などが採用のさいに提出させる書類のなかに戸籍謄本を入れてはいけないことにしたのです。それまでも身元調査として問題になっていましたが、この年、職業安定法の5条の4の解釈として労働省告示ではっきり禁止されました。なぜかというと、戸籍謄本に記載される**本籍地から被差別部落であることが割り出せる**からです。

　いまは禁止されていても、本籍地を気にしている人はたくさんいます。あるとき私の友人が娘の結婚を前に相談に来ました。弁護士は職務上請求すれば戸籍謄本を取れるので、相手の男性の戸籍謄本を取ってほしいという依頼でした。私は彼女の目的を察して、「とんでもない。職務上必要もないのにそんなことをしたら、私が弁護士として懲戒処分を受けるのでできない」といったものですから、その人とは絶交になってしまいました。

　こういう差別が遺した負の部分は、とても大きいのです。古い裁判の判例を見ると、被差別部落出身であることを理由とした婚約破棄で慰謝料を取れるかどうかという議論があります。もちろん取れますが、本籍地からくる差別で婚約を破棄する事例があったということです。人を性別を含む属性によって差別することへの鈍感さと、それを許容する思想がこの社会にまだある。それが許されないという考えが根づいていないのです。

　典型例が2018年8月に発覚した**東京医科大学の女子受験生と多**

本籍地から被差別部落であることが割り出せる

　いまは公式には売られていないことになっているが、かつては被差別部落の地名がわかる図鑑があり、本籍地を照らしてみると被差別部落だとわかるようになっていた。採用する側は戸籍謄本を提出させて本籍がどこかを見て、被差別部落出身者を不採用としていた。

東京医科大学の女子受験生と多浪学生への差別的取り扱い

　文部科学省の官僚が自分の息子の裏口入学を理事長に頼んだ贈収賄事件が発覚し、その証拠を集めていた検察官が入学試験がどのように行われたかを調べたことがきっかけとなり、女子受験生と多浪学生には一定係数をかけて一律に減点していたことがわかった。

浪学生への差別的取り扱いです。それ以後はまさかやっていないとは思いますが、発覚のきっかけとなった贈収賄事件がなければ、差別による不正は何の批判も受けることなくいまも続いていたはずです。医師が最もしてはならないことは差別です。誰もが同じ重さの命を持っているという認識・姿勢は、医療の根底にあるべきです。コロナ禍での**トリアージ**などは苦悩の末にどうするかという問題であり、最初から人を差別する目的ではありません。

　子どもを親の法的な婚姻状態によって差別する婚外子差別は、もう一つの例です。70年代半ばくらいにはヨーロッパでは法的に婚外子差別は廃止されています。日本では遺産相続が婚外子は婚内子の半分だと民法で定められていたので、憲法違反ではないかと裁判が起こされてきたのですが、最高裁判所はさまざまな理屈で憲法違反ではないと主張してきました。日本で最終的に憲法違反として廃止されたのは2013年です。フランスでは差別がないから第一子の50％以上が婚外子ですが、日本の場合2％くらい。大きな違いです。

　外国人差別については、いま出入国管理局施設での不法滞在外国人に対する虐待扱いが問題になっています。在日朝鮮人高等学校への法律による差別もあります。政府は高校授業料を無償化（年収910万円未満の家庭の公・私立高校生を対象）したのですが、北朝鮮問題を理由にその対象から**朝鮮学校を排除**しました。

　日本国憲法26条は「すべて国民は、法律の定めるところにより、その能力に応じて、ひとしく教育を受ける権利を有する」と定めています。憲法では人権に関する規定では「すべて国民は」と書いてあっても、国籍を問いません。人権は普遍的に保障されるべきだからです。「朝鮮学校の子どもたちは日本国籍がないから国民ではない」などという議論は憲法ではとうの昔になくなっているのです。

排除の力学

　人を排除することを決定し実行できるのは、その社会をコントロールする力をもっている人や集団です。社会に横行する排除の力学を許すことは、差別の許容・助長につながります。これとたたかうには、あらゆる分野で排除・差別を許さない必要があります。私が受けている差別は女性差別であり、LGBT差別とは関係ないから、

トリアージ
　患者の重症度に基づき医療を受ける優先度を決めること。

朝鮮学校を排除
　東京、大阪、愛知の朝鮮学校の卒業生が裁判を起こしたが、最高裁で敗訴。2020年9月3日の愛知県の事案の判決では、朝鮮学校の排除を適法とし、2020年10月30日の福岡高裁判決も、福岡の朝鮮学校の授業料無償化対象からの排除は適法だとした。
　朝鮮学校の授業料無償化対象からの排除について、国連人種差別撤廃委員会と子どもの権利委員会は「生徒たちが差別のない平等な教育機会を享受できるようにしなければならない」と日本政府に政策の是正を求めているが、日本政府はこれに応じない。

LGBTの人たちや外国人が差別を受けていても関係ないという理屈は成り立ちません。ある差別を放置していたらほかの差別も放置されるということです。だから連帯したたたかいが必要なのです。

『マジカルグランマ』（柚木麻子著、朝日新聞出版、2019年）という本があります。主人公は、理想やステレオタイプを演じ、もてはやされることによって、そうはなれないたくさんの人を排除し差別することを正当化していたことに気づくという話です。

いまコロナの問題で起きていることは、これと非常に似ていると思います。感染した人、医療関係者等、その子どもたちに対する差別がときどき報道されます。これは深刻な差別です。かつて日本ではハンセン病者への国を挙げての法的根拠を持った差別がありました。それに対してほとんどの日本人は抵抗しなかったのです。法律がそうなっているからだと思ったのかもしれません。差別に簡単に加担してしまった歴史です。いまはその法律は廃止され、ハンセン病の元患者が国を相手に起こした裁判でも勝利しましたが、差別は解消されたわけではありません。元患者本人だけでなくその**家族も差別**をいまだに受けているのです。私たちは差別に対して弱く、安易に差別を受け入れてきたのではないかと思います。

天皇制と差別――大いなる矛盾

天皇制と差別は、憲法自体が抱えている大きな矛盾だと思います。

日本国憲法の第1章は天皇です。日本の憲法は天皇から始まります。第1章は「天皇」で1条から8条がすべて天皇に関することです。第2章「戦争の放棄」9条は戦争放棄についてです。第3章「国民の権利及び義務」で初めて国民のことになります。このように、日本の憲法には国民の権利義務より先に天皇のことが書いてあるのです。天皇・皇族は憲法が認めた特別な存在ではありますが、**この差別をどう考えるのか**が従来大きな問題になってきました。

憲法第1章第1条にこうあります。「天皇は、日本国の象徴であり日本国民統合の象徴であつて、この地位は、主権の存する日本国民の総意に基く」。主権者である私たち国民の総意で天皇を認めるとなっています。そもそもこの主権者が差別の肯定者と考えることもできます。しかし、天皇や皇族に特権を与えているのだから差別

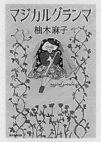

『マジカルグランマ』
柚木麻子著、朝日新聞
出版、2019年

主人公は75歳になった元女優、正子。再就職の面接で「マジカルニグロ」という言葉を知る。ハリウッドでは、白人を救済するためだけに存在する、魔法使いのように何でもできる献身的黒人のキャラクターをマジカルニグロといい、たとえば、「風と共に去りぬ」に出てくる黒人の太ったおばさんマミーはスカーレットに大変尽くす。しかし、マミーが自分の環境に疑問を持たずに、明るくスカーレットに尽くせば尽くすほど、傷つき侮辱を感じる黒人がいる。それと同じように、正子は理想的なステレオタイプ（世の中で正しい形とされるもの）化されたおばあちゃんをコマーシャルなどで演じる。町を歩いていても「ちえこおばあちゃん」とコマーシャルに出ている名前で呼ばれる。彼女は、自分のことを「マジカルグランマ」だと感じる。

家族も差別
ハンセン病元患者の家族が起こした裁判で2019年6月、勝利している。

この差別をどう考える
のか
　憲法学者は天皇・皇族を取り込んでなおかつ国民主権の憲法として機能し得ると苦しい説明を迫られた。一つは、「憲法がつくった差別だからいい」という説明。天皇や皇族は人権があるようで人権がない。それは憲法自体がつくっている例外だからそれはいいのだという。説明になっていない。この国は「人の上に人をつくり、人の下に人をつくる」システムである。

第24条
　婚姻は、両性の合意のみに基いて成立し、夫婦が同等の権利を有することを基本として、相互の協力により、維持されなければならない。
②　配偶者の選択、財産権、相続、住居の選定、離婚並びに婚姻及び家族に関するその他の事項に関しては、法律は、個人の尊厳と両性の本質的平等に立脚して、制定されなければならない。

違憲判決
　この裁判では原告の請求は棄却されたが、実質勝訴といわれている。憲法24条1項・2項、憲法13条には違反しないとしたが、「同性愛者に対しては、婚姻によって生じる法的効果の一部ですらもこれを享受する法的手段を提供しないとしていることは、立法府の裁量権の範囲を超えたもので

ではない、個人としての天皇や皇族にとって不利益は生じていないといえるのでしょうか。人の間に序列を持ち込むこと自体が差別です。その差別の根拠はどうするのか。日本だけでなく他国の君主制においても同じことで、君主制と人権は共存できるのか。おそらくできないと私は思います。この矛盾は解決しなければなりません。

5　セクシュアル・マイノリティ差別

　日本には戸籍制度がありますが、このネガティブな効用として、差別の肯定があります。法が定める一定の資格保有者にのみ特典を与え、そうでない人（事実婚者、外国人、婚外子）には与えないと排除する。同性愛者にも婚姻の権利を認めない。戸籍はそういう差別構造を可視化したものです。

　日本では法律婚を根拠に、行政サービスを与えるかどうかを振り分けています。法律婚単位の人権保障ではなく、個人単位に変えなければいけません。その方が憲法13条に適合するのです。

　私は早い段階から**憲法24条**は同性婚を禁じているものではないと思っていたので、憲法学者がこれについてどのようなことをいっているのか、いろいろな学者の本を読んで調べたことがあります。さすがに最近は少し声は小さくなりましたが、憲法24条は同性婚を禁じる規定であるとかつては結構多くの学者がいっていました。木村草太さん（東京都立大学教授）などの憲法学者は、憲法24条は同性婚を禁止するものではなくて、それについては何もいっていないといっています。当事者の運動が起こってきたことや、憲法学者の世代が若くなってきたこともあるのでしょう。

　同性婚を認めないのは憲法違反ではないかと当事者が国を訴えていた裁判で、札幌地裁は2021年3月17日、法の下の平等を定めた憲法14条に違反するとして、日本で初めての**違憲判決**を下しました。

　国際的な人権基準では同性婚は認められつつあります。スペインはカトリックで保守的な国なのですが、かなり早い段階から認めています。日本は人権問題のどのテーマをとっても、国際的な人権基準から周回遅れです。差別の問題についても、自分が当事者でない

限り、日常生活のなかで私たちが慣れてしまっています。当事者でなくても差別者としての自分について憲法に照らしてどうなのだろうかと見る力を持つ必要があると思います。

Q&A

Q 婚外子自体が少ないことは差別と関連がありますか。同性婚に反対の人たちは、婚外子が増えることに反対なのでしょうか。

A 子どもの数が増えてほしいという人たちは、明らかに法律婚の婚内子が増えてほしいのです。一度も婚外子を歓迎するとはいっていません。ヨーロッパのように婚外子を差別しない法律にすれば、子どもを産む人は増えるでしょう。同性婚に反対の人たちは憲法24条が気に食わないのです。自民党の憲法改定案（2012年）の24条は、「家族は社会の自然かつ基礎的な単位として尊重される。家族は互いに助け合わなければならない」としています。古い形の家族に戻したいとあがいている人たちからすると同性婚など、ぶっ飛びそうな話でしょう。

Q 企業がセクシュアリティを理由に不採用にした事例はありますか。カミングアウトをして就職活動をするには、どのような社会であれば安心でしょうか。

A 数年前、身体的性が女性で、性自認が男性の方が、不採用（解雇）になった事件の弁護を担当したことがあります。理由は明示しませんでしたが、彼が戸籍上女性だったからです。面接では男性に見えたのに、会社側が年金手帳の提出を求め、その人が戸籍上女性だったことがわかりました。会社は社会保険労務士にも「そのことを正面からいって採用しないなどとはいえません」といわれたので、それが理由だとはいわないのです。年金手帳を持っていったとたんに採用取り消しになったタイミングから見て、セクシュアリティが理由だということははっきりしています。

年金手帳が女性のままだったのは、日本の性同一性障害特例法では外科手術による身体改造を求めていて、手術を全部完了しないと戸籍の性別変更はできないからです。手術には何百万円とかかり、女性として働いているときの稼ぎでは手術を完了するお金が足りなかったのです。

カミングアウトして就職活動をする場合、理解がある会社とそうでない会社があるので、個人的に対応していくのは難しいのが現状です。人権問題としての理解を広め、LGBTを理由に採用しないのは法律違反だという認識をつくる必要があります。

Q 身体的には男性であった方で女性自認をもっているトランスジェンダーの女性が、なぜ自分は女性としてDV保護シェルターに入れないのかと苦しんでいます。共同のダイニングやロビーの利用を禁じられて個室に軟禁状態にされたり、男性の保護簡易宿泊所に入れられたりで、行き場がないのです。

A 日本は性同一性障害特例法が厳しくて、身体改造を要求しているので、それが済んでない、つまり戸籍が変わっていないとシェルターが女性とは認めないこと自体は現状では違法ではありません。ただ、シェルターに入るのに戸籍謄本を持ってこいという話ではないので（そんなことはしていません）、その人との話し合いで柔軟に対応するしかないと思います。トランスジェンダーにはいろいろな段階の方がいます。どこまでが女性で、どこから女性でないのか、線が引けない問題です。女性である自認が強ければ身体的には変わっていなくても、女性として受け入れることは社会的な合意でやっていくしかないでしょう。

対人援助の基礎
エンパワーメント相談のプロセスを知る

景山 ゆみ子　臨床心理士 公認心理師

1 相談とは

相談者の力を呼び覚ます

　相談者に向かい合うときは、自分のキャンバスを真っ白にして相談者に集中します。相談者のなかにある力を呼び覚ますためには、私たちが相談者にどんなイメージを持って接するかがまず問われます。相談者は、自分で解決できなくて来ているという様子で目の前に現れるかもしれませんが、私たちが支援のなかで大事にしたいのはその人のなかにある力を呼び覚ます視点です。相談者がどうしたいか、その人自身を尊重することが非常に大事になってきます。これを別のいい方でいうと、相談者を無力にしないことです。その人が力のない状態で放置されないようにすることを考えます。

　相談の流れを見ていきます。まず相談に来る目的としては、悩みや不安を軽くしたいという気持ちだろうと思います。寄り添うこと、話をよく聴くことから始めます。相談者は相談したい自分の悩みはありながら、相談をすることに対しての不安感ももっています。そのあたりも配慮しながら関わっていく必要があります。自分の話を受けとめてもらえるのか、聴いてもらえるのかというのは当然の気持ちです。いろいろな悩みを次々と話すかもしれませんが、まず当面の問題に焦点を当てて、それを解決する方法についていっしょに考えます。その上で、必要な知識や情報を提供したり選択肢を広げたりします。相談者はこれだったらやれそうかなという見通しがもてたら行動してみようという気持ちになります。このようなプロセスになります。

多様な相談内容

　相談窓口に持ち込まれる内容はさまざまです。セクシュアル・マイノリティの相談もその内容は多様ですが、まずベースにあるのはアイデンティティの問題になると思います。しかし、それだけではなくパートナーや家族、親族、友人、職場、学校、近隣などとのさまざまな人間関係、経済問題、さらにいろいろなことで精神的に落ち込んだりしてうつや自殺念慮など精神的危機があって相談に来るかもしれません。いろいろな関係性のなかで暴力や虐待もある。そして、健康や医療に関すること、仕事に関しては雇用、就職、キャリアアップの問題もあるかもしれません。学校での学習や進路・進学、いじめの問題、子育てや親の介護など、市民生活を営む上での福祉や法律に関することもあると思います。

　こうした相談への対応に当たって、セクシュアリティの多様性・多層性の視点に立った相談を行う上で、必要な点を2つあげたいと思います。

　1つ目は固定的な社会通念を押しつけないこと。そして相談員は自分の価値観で相談者を判断しないこと。2つ目は身体心理社会的な視点を持って関わること。すなわち全人的な見方をすることです。パートナーや親族などとの関係性の相談は多いと思います。けれどもまず相談当事者の立場に立つことで、関係性の調整はしない。そして健康面、生活面など保健福祉的な支援も視野に入れる。心の問題だけに限らないで環境面を視野に入れることが必要です。さらに人権侵害や暴力の危険等がある場合は、関係機関と連携することも必要ですし、ときには介入が必要になることもあります。

2 相談の基本的スキル

人の話を聴くこと「傾聴」と、支えること「支持」

　人の話を聴くこと「傾聴」と、支えること「支持」は相談の基本的なスキルです。そこで、話は何のために聴くかというところをもう少し考えてみたいと思います。その目的は相談者を理解し、支援の方策を考えるためです。それはどんな相談でも同じです。それを

行うためには相談者の話に"ついていく"こと。聞き出す、尋ねる、強くいう質問ではなく、"ついていく"ための言葉や支えるための言葉をもちたい。それを「**積極的傾聴**」といいます。傾聴ではありますが、もう半歩聴き込む。でもそれはけっして侵入的にならずに、ということです。

図表1　積極的傾聴に役立つフレーズ

> ▶ そのことについて、もう少し話していただけますか
> ▶ ……ということでしょうか
> ▶ 例えば？
> ▶ どんなふうに感じていますか
> ▶ ほかに心配なことはありますか
> ▶ 誰か味方になってくれる人は？
> ▶ そのことについて、もう少し考えてみましょう
> ▶ これまで似たような経験をしたことがありますか
> ▶ 今の時点で、どうしたいと思いますか
> ▶ もしかしたら、……ということもあるのでは？
> ▶ 今、いちばん困っていることは何でしょうか
> ▶ あなたのお話ししたことを理解しているか、確認させてください

　図表1は、積極的傾聴に役立つフレーズを例示したものです。言い換えれば、相談者の話に"ついていく"ための言葉です。相談員がもうちょっとそのことを聴いてみたい、そこはどうなのだろうと思ったときに、「そのことについてもう少し話していただけますか」とか「例えば？」などの言葉を投げかけてみることで、相談者が「例えばこういうことなのです」という説明をしてくれるかもしれません。ここにある言葉は、もう少しあなたのことを理解したいのですというニュアンスを持ちながら投げかけるものになっています。「これまでこういうことを経験したことがありますか」とか、「話されたことでいまいちばん困っていることは何でしょうか」「あなたのお話ししたことを（相談員が）理解しているか、確認させてください」という言葉で、確実に理解をしていこうとする態度が伝わります。「どうして…」とか「なぜ？」とか言いたくなることもあると思いますが、そう言われたら、ともすると責められている感じが伝わってしまいます。そんなときにこの「役立つフレーズ」を活用すると効果的です。

聴くことと伝えること

　ここで強調したいことは、相談員の伝える力、表現力についてで

す。積極的傾聴のなかで、"ついていく"こと、そして"ついていく"言葉を持つことが大事だと話しましたが、それは聴くことと伝えること、表現することがセットだということです。相談員が理解したことを相談者にフィードバックする。それは、相談員が相談者の話を聴き取っていると相談者に伝えることです。

　さらに伝え方で大事なことは、何か情報提供するときには「こういう制度があると思いますが、どうでしょうか？」というような提案型説明をすると、指示にも押しつけにもなりません。相談者が自分で判断して選択していけるようにする。それは選択肢を広げる情報支援力です。

話を聴くときの枠組み

　話を聴くときの枠組みは、安心安全な相談の場を用意することであり、信頼関係を築くための配慮といえます。枠組みというのは相談者を守り、相談員自身を守ることでもあります。無自覚、無防備に話を聴くことは安全ではありません。電話相談、面接相談などいろいろな相談方法があると思いますが、使える時間、安全な場所、話が他者に聞かれないようにプライバシーを守ること、そういう物理的なことや時間的な制約をきちんとわかった上で話を聴かせてもらうことです。

　相談者がどんどん話をしてしまうことも起こりますが、相談員は理解できているか、ついていけているかを意識し、話をスルーしてはいないかを自覚する必要があります。相談者としても、ちゃんとわかって聴いてもらえているのだろうかとか、後になってなんであんなに話してしまったのだろうと思う場合もあります。少しずつ区切りながら、相談員が何を理解しているのかが、相談者に伝わるように進めていく。誠実な態度でいい加減なことを言わないこと、断定的に伝えないことなどいろいろ工夫があると思います。

相談員に必要な2つの力

　1つ目は、相談者の気持ちを受けとめる心の準備ができていること。それは相談者に寄り添う力になります。さらに聴く力につながっていきます。

　2つ目は問題にアプローチする力量。それは相談の全体像を把握して**アセスメント**を行い支援につなぐ力になるといえます。全体像を把握するというのは、相談者と相談員の間のやり取りを見ているもうひとりの自分、第三の目がそこで何が起こっているかを理解することも含めて考えます。この2つの力が相まって役に立つのだと思います。

エンパワーメント相談のプロセス

　相談者のエンパワーメントを意識したこのプロセスを「エンパワーメント相談のプロセス」と考えています（**図表2**）。

　最初に、エンパワーメントという言葉ですが、1つ目の意味は、「抑圧された人がもともと持っている力に気づき、それを発揮していけるようになる」こと。これはそれぞれの相談者の個人的な問題の解決に力を発揮します。2つ目の意味は、「当事者自身が自分の主体になるとともに、他者とつながり、新しい価値や関係性を生み出す」というダイナミックな要素をもちます。社会的価値の変容をもたらすには、個別の支援をしながらその問題はあなたひとりの問題

図表2　エンパワーメント相談のプロセス

プロセス	ポイント
相談者の経験や気持ちを、誠意を持って、理解するように聴く	相談者が問題についていちばん知っている
理解した内容を、フィードバックする	相談員は相談者の話した内容や気持ちについて正確に理解しているか
相談者の力に着目する	問題解決の主体は相談者であり、相談者が発揮してきた力を認める
性の多様性・多層性の視点から、相談者の状況や問題をとらえ直す	固定的性別役割意識や社会構造的要素などを踏まえ、相談者の経験や立場からとらえ直す
相談ニーズを共有する	相談者が本当に相談したいことを、相談員との協働作業で明確にする
自助資源・援助資源について把握する	相談者の持っている能力や周りにある活用可能な資源や人に気づく
アセスメント と 援助方針・援助計画	相談者の状況、ケースの全体像について、多方面からアセスメントを行い、見通しをつける
選択肢を増やし、優先順位をつける 相談者の自己決定・行動を支援する 地域の関係機関と連携する	問題解決に向けて、社会資源や情報を集め、関係機関と連携する 状況の変化により、アセスメントと援助方針・計画に戻り、再検討する

ではないという視点をもつことです。これがエンパワーメント相談の本質といえます。

エンパワーメント相談のプロセスとしては、まず相談者の経験や気持ちを理解するように聴きます。相談者が本当に相談したい問題に気づけているかどうかはわかりませんが、そこに材料はあります。しかし、そのことについて相談者自身が十分に表現できるかというと、なかなか難しいかもしれません。そこで相談が必要になってきます。相談者の言葉から、こちらが理解したことをフィードバックする。そして、そのことを確認しながら話を進めていき、そのなかで相談者の力に着目していく。相談者がいままで発揮してきた力を再認識し、それに気づいてもらえるように、「こういうことができていたのですね」ということをきちんと取り上げて伝えます。

性の多様性・多層性の視点からとらえ直す作業は難しいことではありますが、相談員はこの視点をきちんともちながら、相談者が置かれてきた社会的な状況、性別役割意識やジェンダー意識なども踏まえて話し合います。

次に、**図表2**に太字で書かれている部分「**相談ニーズを共有する**」は非常に大事です。相談者と相談員で話し合うなかで、「この相談者は本当はこのことを相談したかったのだ」ということを共有することです。相談ニーズの共有化は、相談のターゲットを発見することです。相談者と相談員の協働作業によりターゲットが共有でき、信頼関係も結ばれます。さらに、相談者自身が持つ自助資源や援助資源を聴かせてもらい、活用可能な資源を見つけます。その段階でいままでの情報を総合して、アセスメントや支援の計画を考えていくことになります。それに沿って選択肢を増やしていくこと、優先順位をつけていくこと、行動を支援していくことに加え、必要に応じて他機関との連携を進めていきます。これが「エンパワーメント相談のプロセス」になります。

信頼関係と話を聴くときの留意点

相談員は相談者の気持ちや状況を理解しようと努力します。完全にはわからないかもしれませんが、積極的傾聴を行いながら理解しようとします。相談者および相談者の置かれている状況に感情移入が

相談ニーズ
　相談者の最初の訴えは主訴といわれるが、相談者が本当に相談したいことがまず語られるかどうかはわからない。相談者自身自分の問題に気づいていない場合もあり、相談員との協働作業（相談）によって明らかになることも多い。本当に相談したいことを発見し共有できたものが相談ニーズである。

I

支援の前に

II

支援の現場から

III

公的支援を使うために

IV

こころと身体

V

生活の場で

できること、その人の立場がイメージできることが大事で、自分が相談者の立場だったらどうだろうと思えるようでありたい。相談者は安心して話せると感じているか、相談員から理解され尊重されていると感じているか、こういうことを相談員は感じ取っていく必要があります。これは先に述べた第三の目をもつということにつながっています。こういったことが信頼関係を築くポイントだと思います。

　話を聴くときの留意点は役割と責任を意識することです。相談員は万能ではありません。いかにベテランになったとしても万能にはなり得ません。できることとできないことがあることを自覚します。何らかのサポートを求めてきている相談者の役に立つためには、ひとりで抱え込まないことです。自分ひとりで何とかしようとするのではなく、同僚や上司に相談して対応します。対応する相談員ひとりの問題ではなくて、その相談は、相談員が所属する機関へ持ち込まれたものであり、その機関の相談事業のあり方、仕組み、**相談システム**の問題としてとらえていく。協力して対応することを機関全体が理解している必要があります。

　もう一つ、心の境界線を意識することも重要です。人には、ここから先は自分のなかに入ってこないでほしいという自分を守る心の境界線があります。しかし、例えば暴力の被害者のなかには日常生活で心の境界線を踏みにじられて、いつの間にか境界線があいまいになってしまう人がいます。境界線があいまいだと、相談者が相談員の心の境界線を踏み越えて来ようとしたり、逆に、相談員が相談者の心の境界線を踏み越えて近づいてしまったりということも起こるかもしれません。そのようなときには相談員側が、距離を取っていくなど責任をもって対応していく力が必要です。

相談の３つのステップ

　エンパワーメント相談のプロセスでも触れましたが、ここでは相談者を理解し支援するときの３つのステップについてまとめます。

　第１段階では、相談者の気持ちや状況を理解し受けとめる。いろいろな気持ちや感情、そこには相談員が受けとめがたいものもあるかもしれません。でも、不安、怒り、恐怖、悲嘆、混乱などどんな感情もまずはそのまま認めるということです。それを相談員が引き

相談システム
　相談活動を成り立たせる仕組みと働き全般を相談システムという。そのなかには、時間や相談内容、支援プログラム、相談員確保などの相談体制、他機関とのネットワーク、相談員への研修・スーパービジョンなども含まれる。

受けるという意味ではありません。相談者がそういう気持ちや感情
をもっていることを認めることです。相談者のもつ感情は相談者自
身のもの。不安に思ってはいけないとか怒ってはいけないとかいう
ことではありません。

　第2段階として、問題を理解することも大事なことです。相談者
の置かれた状況を評価せず何が起こっているかをつかむことです。
評価する立場ではありません。何が起こっているか現実をつかむと
いうことです。

　そして、その上で第3段階として、解決の道筋をいっしょに考え
る。私たち相談員が相談者の話を聴いたとき、どうしても起こって
いる問題に目を奪われがちです。しかし、この3つのステップの順
番はきわめて大事です。まず、相談者の気持ちに焦点を当て、心の
ダメージに配慮し理解しようとすることから始める必要があります。

対等性と二次被害

　相談は、相談の窓口を名乗ることから始まります。相談窓口を訪
れた人のなかには、「ここではどんな相談ができるのですか」と聞
く人もいます。長々説明する必要はないのですが、どの相談員が対
応するとしても、ここはこういう相談の場ですという説明ができる
ようにしておくといいと思います。こちらの情報を明らかにするこ
とで、相談者が安心して相談でき、相談員との関係性を対等に近づ
けていくことになります。

　また、相談を受けたとき、次のような言葉は二次被害につながり、
相談者を孤立させ危険にさらすことがあるので注意します。二次被
害とは、相談者が相談した先でさらにダメージを受けることです。
「あなたの考えすぎでは…」とか、「もう少し努力してみたら…」と
いう対応は、いまは何も力になってもらえないというニュアンスが
伝わります。「なぜ、そんな人といっしょにいるのですか。早く離
れた方がいい」という相談員の価値観の押しつけもNGですし、「親
なのですから…あなたを思ってのことでは」という言葉は、いった
い誰の立場に立って相談を受けているのかということになります。
こういう言葉は要注意です。相談しても無駄なのだと相談者に思わ
れないように対応したいものです。傷ついてそれ以降、相談行動が

できなくなってしまうことがあります。

　支援者の役割について、精神科医の小西聖子さんが適切に簡潔に表現しているのでご紹介します。それは「相談者の状況について、事態を理解しようとする人がいることを確信させ、不安を軽減し、必要に応じて危機介入し、現実的でよりよい解決の方向をいっしょに考える用意のあることを伝えること」です。このように相談者をコントロールせず、しかもひとりにしないで、必要なことをいっしょに探すスタンスが何よりも大切です。支援の目的は、相談者が自己信頼を取り戻し自分らしく生きていけるように援助することです。気持ちや状況は相談者それぞれに異なります。相談者の気持ちや意思を聴きながらどんな情報が必要なのか、何をどう伝えたらいいのか、その人に沿って考えていく必要があります。

3　組織的対応と他機関連携

のりしろ支援

　具体的な支援が必要な場合、いろいろな機関との連携を考えます。そのときに「のりしろ支援」を行うことを心がけたいと思います。何かをつなぐとき、のりしろがないとつながりません。ちょっとはみ出たつなぎ方をしないと、くっつかないで切れてしまうことが起きます。支援においては、自機関と他機関の役割・機能分担は大事ですが、連携するときに少しはみ出した支援の手を持つことが、相談者を支援のネットから取り落とさない重要なカギとなります。

多くの機関とのネットワーク

　セクシュアル・マイノリティの相談窓口を掲げているところにはそれを目指しての相談が入ると思いますが、福祉や人権担当の窓口、男女共同参画センターの相談室などにもセクシュアル・マイノリティの相談が入ります。

　また、一口にセクシュアル・マイノリティの相談といっても、その内容によって多様な機関と連携していく必要があります。DVや暴力・虐待の問題もあるかもしれませんし、経済的問題、法律的

な問題、医療的な問題、その他に応じて、区・市役所内の各課、弁護士、医療機関、警察、保健所、児童相談所、学校、保育園、地域包括支援センター、民間支援機関、自助グループなど多くの機関と連携、情報共有が必要になることもあります。そのときに情報共有と同時に情報管理が重要であることはいうまでもありません。

チームによる支援

　しっかりとした情報共有や情報管理を行うためには、その機関内の支援体制の整備が欠かせません。組織的対応について、機関内で了解が取れている必要があります。ひとりで抱えなくてすむように相談ができる体制をつくっておく。同僚や上司によるサポート、そして機関としての責任で受ける意識を醸成することがひとりで抱えないというリスク管理につながります。その上で、相談者の状況に応じてアセスメントと対応をチームで考える。緊急のケース、危険度の高いケース、急ぎではないけれども具体的なガイダンスやカウンセリングが必要なケース、また具体的な手続きを要する場合もあるかもしれません。

連携先へのつなぎ方

　関係機関につなぐときには、その機関にどのような目的でつなぐかを明らかにすることが大切です。それは相談者との間でも同様です。相談者との間で目的を明確にすることなしに、「あそこに相談してみたら」と案内してしまうことは避けるべきです。そうではなく、「あそこの窓口で、このような形で相談できるので一度相談してみたら？」と、どんな目的で相談に行くのか、どのような情報を求めて行くのかを伝えて、納得した上で出かけてもらうのがよいと思います。

　緊急ケースの場合は、連携先に確実につなぐことを第一に考えて、併せて相談者の了解を得ます。緊急ではないけれどもぜひつながっておいてほしい場合も、了解が得られたら連絡します。了解が得られなかった場合は、その後について本人から報告をもらうようにします。うまくいかなかったら再びこちらに相談してほしいと伝えるなど、相談者と相談員との細い糸が切れないようにします。相

談者自身が自分の意思で連携先を決めたいというときは、相談者の意向を尊重し、こちらは一般的な案内に留めます。このように相談者にも連携先機関にも配慮した関わりが、相談者の立場を尊重した切れ目のない支援であると思います。

4 新しい知識や情報の獲得

社会通念の問い直しと心理教育

相談員にとって必要かつ役に立つ新しい知識や情報の獲得についていくつか説明したいと思います。まずは固定的な性別役割意識や社会通念を問い直して多様な見方で問題を理解しようとすることです。それは、相談者を受けとめるとき、相談員の価値観や判断基準で相談者をジャッジしない、幅のある受容をもたらします。さらに**心理教育**やコミュニケーションについての知識や方法を学んだり、問題解決のための社会資源や制度活用などの情報を習得したりして、ときによっては必要な手続きなども支援します。

相談員が心理的な反応についてあらかじめ理解しておくと、例えば虐待や暴力の被害経験があればいろいろな心理的な状況になるのは健康な人の正常な反応であるとわかり、そういう目で受けとめられます。相談者が心理的にどういう状態なのかを相談員がきちんと理解していれば、そういった反応が起こることはおかしいことではなく、あり得ることだという説明を適宜相談者に伝えることもできます。

心的外傷後ストレス障害（PTSD）は、災害や事故などの大きなダメージ、DVや虐待などの繰り返しの被害によって生じます。PTSDと診断を受けていなくても暴力を受けた人のなかにはいろいろな症状が見受けられることがあります。こういったことも配慮していく必要があります。

コミュニケーションの工夫

相談の場面でも非常に役に立つのが、**アサーティブネス（AT）**の考え方と実践です。これは「相手も自分も大切にしながら、誠実に、

心理教育
　相談者の心理的状態などについての知識を提供することで、相談者自身が自分の状態を認識できるよう支援すること。人は自分自身を知ることで自己コントロールを得ることができる。また、心理的なアプローチについてのトレーニングをいう。

心的外傷後ストレス障害 PTSD (Post Traumatic Stress Disorder)
　恐怖の体験や辛い思いを経験すると、自分の意志とは関係なく、フラッシュバックが起こったり、不安や緊張が高まったりする。生活に支障が出る場合もあり、状況によっては医療的ケアが必要になる。『心的外傷と回復』ジュディス・L・ハーマン著、みすず書房、1996年。

アサーティブネス AT (Assertiveness)
　ATは、積極的な自己表現法といわれるが、単なる方法論の技能ではなく、自分の気持ちや考えを大切にし、相手も尊重するという考え方が自己信頼につながり、新しい人間関係をつくり出すものである。アン・ディクソン著『第四の生き方』柘植書房新社、1998年、他関連図書多数。

率直に、対等性をもって、適切に自分を表現する方法」といわれています。

　主な考え方をご紹介しますと、「I」（私）メッセージで話すということがあります。「私は」と自分を主語にして話すと、相手を傷つけない表現になります。「あなたは」と相手を主語にすると、攻撃的なニュアンスになりやすいのです。また、相談者のなかには、なかなか「ノー」が言えない人も多いです。「ノー」を言うことは、相手を否定することではありません。条件によって応じることが可能だったりするときは、断りながら提案することもできます。「今日はだめだけれど、来週なら大丈夫」などです。特にDVや虐待の被害を受けている人は常に自分を否定され、自分の意見を言えない状況下に置かれるので、職場や近隣の人間関係でも「ノー」が言いにくくなり、ストレスとなってしまいます。しかし、アイ・メッセージで話しても通じない相手もいるので、その場合には言わないことにする選択も、十分アサーティブな態度です。言えないのではなく、言わない選択も、自分を大事にすることです。

5　支援者にとっての安全とケア

　支援を行っている相談員が、相談者の話を聴くなかで自分も同様の体験をしたような影響を受けることがあります。これを代理受傷といいます。また、相談員は共感を求められる仕事なので、共感することで疲弊します。これを共感性疲労といいます。こういったことは熱心な相談員であればあるほど起こりがちなので、日ごろからストレスや疲労について気を配り、ストレスや疲れを感じていることを認めることが大切です。

　ふだんから、同僚や先輩・上司などに話し自分をケアする時間をとる、好きなことをして気分転換を図るなどリラックスする方法を見つけておくといいと思います。日常で簡単にできる散歩をしたり、好きな音楽を聴く、ゆっくりお風呂に入る、安心できる人とおしゃべりしたり、美味しいものを食べたりと、生活のなかでちょっとほっとする時間をとっていくことを心がけましょう。

支援の現場から

I
支援の前に

II
支援の現場から

III
公的支援を使うために

IV
こころと身体

V
生活の場で

相談対応の実践
ニーズを見極める

原ミナ汰　NPO法人共生ネット共同代表

1　相談業務を始めるきっかけ

　LGBTQ支援に取り組んでいる方に支援のきっかけをたずねると、ある方は「自治体の女性相談や大学の学生相談窓口で仕事をしているときに、LGBTに関連した自死があり、LGBTの相談には命がかかっていると思った」とその切実さを語ってくれました。また、「留学先の海外でLGBTの人として親しくなり、なぜ日本にはいないのかと疑問に思ったことがきっかけになった」と話す方もいます。さらに、勤めている会社などでのLGBTQに関する啓発事業がきっかけになる方、あるいは、当事者として生き抜いてきて、同じような当事者の力になりたいと思ったという方もいるでしょう。

　きっかけはそれぞれで、どれもきわめて個人的な体験ですが、そこで生じた疑問や課題を社会のなかでどう解決していくかという視点が加わって、行動につながっているのだと思います。

　しかし、相談などの支援に携わったり社内で啓発活動をしたいという気持ちはあっても、一人でそれを行うには無理があります。支援する側が疲れて、バーンアウトする（燃え尽きる）こともあります。現場で大事なのは、相談員同士の情報交換と、相互サポートです。

　ここでは、LGBTQへの相談対応の基本的なルールや、LGBTQの人たちからの相談を受けるさいにとくに配慮すべき点について学びながら、どうやって互いにサポートし合えるかも考えていきます。

2 グラウンド・ルール

　性的マイノリティの方たちに限らず、相談対応を行う場合には次のようなグラウンド・ルール（約束事）を守るようにしましょう。

① 話者の尊重

　相手の話の内容を、自分の価値観で拒否したり、却下したり、ジャッジ（評価）したりせず、最後までその人の話を聞きましょう。

　ポイントは、話す内容だけではなくて、話し方も尊重して受けとめるということです。人によって話し方には癖があり、地方の訛りがあったり、なめらかに話せなくて言葉を噛んだりします。聴く側に「こうじゃないとダメ」というステレオタイプ的な思いが強くあると、相手を素直に受けとめきれず、大事なことを言っているのに聴き逃してしまいます。

② プライバシーの尊重

　相談の場で見聞きしたことは、その場に置いていくのが相談の基本です。個人情報はもちろん、相談の場で話された出来事やエピソードはすべてそのとき、その場限りのものとして、その部屋から一歩出たら、そのことを話題にすることはないことを約束します。これは相談の場に限らず、日常の習慣にして、どういう場面でも実践しましょう。

③ 心理的距離の確保

　お互いの違いを尊重できるだけの心理的距離を保つようにします。そのためには、時間的、空間的ゆとりをもつことも大事です。私たちはつい、同じ体験をした人は同じように感じると思いがちですが、実際のところは、まったく違う感覚をもっているかもしれないということを考える必要があります。相談現場で、自分のアドバイスをある人はすんなり受け取ってくれたのに、別の人からは猛抗議を受けることがあるかもしれません。「なぜ？」と不思議に思っても、そういうこともあるのだとまずは受けとめましょう。

④ 情報収集と検証

　なにごとも１つの情報をうのみにしてはいけません。いまは昔と違い、インターネットのおかげでかなり広範囲に調べられるようになりました。自ら情報を収集して、検証することは必須です。人に意見を聞いてみてもいいと思います。

3 相談現場で起きがちなNG

NG事例1　相手がLGBTQであること、あるいはLGBTQの家族や友人がいることを想定しないで語ること

　LGBTQの話題に限らず、「このなかにはいないと思いますが」とか「みなさんは違うと思いますけれど」などといいながら差別的な話をする場合があります。でも、「もしかしたらいるかもしれない、いや、必ずいる」という想定がないと、言葉の吟味ができません。言葉の吟味は、想定があって初めてできることです。

NG事例2　「男女」という二項対立的な性別概念で語ること

　「性はグラデーション、性はスペクトラムといいながら、二項対立的な男女観を維持するのは、ある意味矛盾しています。

　男女共同参画センターなどでよく使われる「男女平等」という言葉の概念を考えてみると、それが目指すのは、構造的差別にあたる男女間の上下関係の解消です。一方、「性はグラデーション、性はスペクトラム」というのは、人間の性全体を俯瞰するもので、誰も排除しないインクルーシブ（包摂的）な将来ビジョンとして、目指すべき形です。

　いまは打開策として「ジェンダー」という言葉が普及し、海外では間をとって「ジェンダー平等」という言葉が使われています。今後は、性別による序列をつき崩すときは「男女格差の解消」などと使い、全体を見渡してよりよい社会を目指すときは、よりインクルーシブな「ジェンダー平等」を使うというように、場合によって使い分ける必要があるでしょう。

> **スペクトラム**
> 「連続体」。「性はスペクトラム」というのは、女と男が二項対立的に存在するのではなく、メスからオスに連なる連続体と見なす考え方。

NG事例3　性を二元的にとらえること

　相談を受けるにあたって大事なことは、誰一人、置き去りにしないことです。ところが、これまでの公共政策の枠組では「性の多層性」が大変見えにくくなっていて、「あなたは男性ですか、女性ですか」と、二者択一でバイナリー（男女二元的）な質問が行われ、それよって排除されてしまう人たちがいます

　それに対して、**ノンバイナリー**は「二元的でない性のありよう」です。これは、身体の性にも、性自認にも、性的指向にも性別表現にもみられます。XジェンダーやQ（クエスチョニング）の人たちは、性自認がノンバイナリー（多元的）です。私もよく「どっちですか？」と聞かれますが、ノンバイナリーは基本的にグラデーションで、二者択一を迫られても困ります。

　相談にあたっては、バイナリーなものの考え方はあくまで便宜上のもので、実態とはズレがあることを忘れないようにしましょう。

NG事例4　相談者のバイナリー思考をいきなり否定、非難すること

　自分の子がLGBTQだと知って相談に来る親御さんのほとんどが、「男の子はこうあるべき、女の子はこうあるべき」という男女バイナリー（二元）思考の持ち主です。そういうとき相談員が、「そういう考えは子どもを傷つけるから、ダメなのです」と否定し、その思考を変えようとしてもうまくいきません。この場合は親御さんが自分で「あっ、これが相手を傷つけるんだ」とか、「これがコミュニケーションを阻害するんだ」と気づいて、初めて変わることができるのです。個人の思考法をただ否定、非難するだけでは、多様性の実現は難しいと思ってください。

NG事例5　プライバシーに対する配慮不足、マウンティング

　相談員が来訪者から得た情報は、職務上知り得たものであり、相談室から外に出すべきものではありません。相談員はそのことは厳に守っていると思いますが、「打ち上げ」などのオフの場でつい話してしまうことがあります。これはアウティング（➡Lecture 5「カミングアウトとアウティング」を参照）ですが、「自分だけが知り得た情報の誇示」という意味では、一種の**マウンティング**とも考えられ

> **ノンバイナリーな戸惑い**
>
> 　例えば、私は女の子として生まれたが、幼いときから自分のことを女の子とは思わずに育った。自分が女の子を好きになると自覚してからは、その感情自体に戸惑いはなかったものの、自分の性別に関する迷いはよけい強くなった。10代でゲイやレズビアンがいると知ってからも、自分はそのどちらでもないし、同性愛でも異性愛でもないような気がしていた。そういう迷いのなかで性自認について知り、「結局、異性愛に入るのか」と思ったり、「同性も異性もなく、ただの愛でいいのでは？」などと思ったりしながらここまできた。

> **マウンティング**
>
> 　自分の優位性を強調し、自分の方が序列が上であることを誇示する言動。

ます。相談員間でも互いライバル意識があり、相談がうまくいかないと陰口が増えます。プライバシーへの配慮不足や、相談員相互のマウンティングの原因の一つは、個々人に植えつけられた過剰な競争意識です。それを一度になくすのは難しい。背後にあるのは、多様性とは相いれない「ピラミッド構造」です。競争意識が過剰となり、マウンティングが起きる温床はそこにあります。

4 LGBTQの相談ニーズを見極める

　ではどんな相談ニーズがあるのか、そもそもニーズとはどんなものかについて考えてみましょう。

ニーズは欲求か？　マズローの5段階ニーズ

　「マズローの5段階欲求説」は、1950年代にアメリカの心理学者A.マズローが発表した仮説で、日本ではよく知られた理論です。ただ、個人主義的成功モデルであるため、社会的マイノリティの分析モデルとしては不十分で、LGBTQ相談では必ずしも使いやすいものではありません。

　マズローの5段階欲求説の原文は "Maslow's Hierarchy of Needs"（マズローのニーズのヒエラルキー）です。「ヒエラルキー」を「段階」、「ニーズ」を「欲求」と訳しています。欲求とニーズの違いについて、相談業務での主訴とニーズの違いで考えてみましょう。主訴とは、相談者がいまこうしたいと考えていること、思いついたことです。それは欲求かもしれません。これに対してニーズは、相談者が本当に解決したいことで、相談員とのやりとりで整理されて何が不足しているかがわかることも少なくありません。

　欲求とニーズは同じときもあるけれど全然違うときもあります。ですから、欲求だけに沿って対応していくと、あらぬ方向にいってしまい、相談がこじれる場合もあります。

　欲求があってもニーズはないこともあります。何か食べたいけれど、もう栄養は十分摂っているし、特にカロリー消費もしていない。ニーズはないのに食べたい欲求はある、ということです。逆に、食

べたいという欲求はないけれど、少しくらいは栄養を摂るニーズは
ある、という場合も考えられます。私はトランスジェンダーだから、
小さいころから女子トイレに入りづらくて、行くのを我慢している
うちに水も飲まなくなり、排泄欲求がなくなってしまいました。そ
れでも排泄ニーズはあるのです。

　また、欲求という言葉はよく、「この人は承認欲求が強くて」な
どと「困ったちゃん」を非難するさいに使われます。でもこれは承
認のニーズなのです。人から承認される、他者から自分をきちんと
認められたい。人にはそういうニーズが確実にあって、これが満た
されないと、なかなか次に進めないこともあります。欲求という言
葉に翻弄されず、しっかりとニーズを見ないといけません。

マイノリティの課題を解決しにくい、ピラミッド型

　図表1はマズロー理論を図示したものです。この理論のもう一つ
の問題は、ピラミッドという型にあります。マズロー自身はピラ
ミッド型を想定しておらず、マズロー理論を受け継いだ人たちがこ
ういう形の方がわかりやすいだろうと考えてつくったそうですが、
5段階目が自己実現という個人主義的な目標だということで、この
型になったのではないかと思います。

　また、個人主義的な成功モデルの一つという位置づけですから、
かつてのように経済成長が右肩上がりの時代にはよかったのでしょ
うが、いまの社会でこれを使うと、一度頂点に登り詰めたら絶対降
りないと頑張る元大統領のような人が、ロールモデルになってしま
います。

図表1　マズローの5段階欲求説

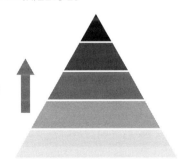

5　自己実現欲求（Self-actualization）

4　承認欲求（Esteem）

3　社会的欲求　所属と愛の欲求
　　（Social needs　Love and belonging）

2　安全欲求（Safety needs）

1　生理的欲求（Physiological needs）

９つの基本的ニーズ

私たちは別のモデルで話を進めましょう。**図表2**の「9つの基本的ニーズ」です。これは、**SDGs**の原点になったスキームで、南米チリ生まれの社会経済学者マンフレッド・マックス＝ニーフが提唱したものです。「経済開発指標の価値転換を提唱する根源的類型」、つまり、ただ開発したり、お金を生むだけの経済ではなく、「みんなを幸せにする経済とはどんなものか」を経済学の文脈で研究した成果といえます。

いまの日本で、社会集団としてのLGBTQはこのニーズがどれくらい満たされているでしょうか。

私が、1～9の基本的ニーズのうち、LGBTQにとって必要だけれど満たされていないニーズを**図表3**のチャートを使って書き出してみたら、紙面がいっぱいになりました。例えば、1の「生命・生計維持」では、トランスジェンダーには排泄に関わるトイレ問題があります。性の欲求の充足、命の危機回避のニーズも満たされていません。LGBTQは自死率が一般と比べても高いといわれていますが、2の「保護」がされず放置されてきた帰結だと思います。3の「参画」では、選挙の投票券に男女の性別が明記されているので、投票所に行けなかったという話があります。

ワークショップなどでこのモデルを使う場合は、図表3のようなチャートを使って考えてみてください。まず、いま自分がもっとも大事にしている事柄3つとその理由、自分に足りていない事柄3つと

> **SDGs**
> 国連が設定した、持続可能な開発目標(Sustainable Development Goals)。17の目標(ゴール)と169のターゲットが示されている。

図表2　経済開発指標の価値転換を提唱する根源的類型による9つの基本ニーズ

1 **生命・生計維持** subsistence
食事、水分補給、排泄、睡眠、性の欲求、命の危機回避など

2 **保護** protection
住まい、生活保障、シェルター、避難所など

3 **参画** participation
選挙、発言権をもつ、など

4 **ひま（無為の時間）** idleness／leisure
振り返り、休息、遊び、自由時間など

5 **愛着、大切なもの** affection
愛情、共感、友情、家族など

6 **理解** understanding
教育、研修、対話など

7 **創造性** creativity
スキル、工夫、アイディアなど

8 **アイデンティティ** identity
文化、宗教、帰属意識など

9 **自由** freedom
平等、公正、自己決定

Manfred Max-Neef 1986年

図表3　9つの基本的ニーズのチャート

1．生命・生計維持	2．保護	3．参画
4．ひま・休息・遊び	5．愛着、大切なもの	6．理解
7．創造性	8．アイデンティティ	9．自由

Manfred Max-Neef, 1986 を元に作成

その説明を考えます。次にLGBTQとして満たされているニーズ、満たされていないニーズを挙げて考えてもらいます。実は、自分が大事にしていることは、いまの自分に足りないものでもあることに気がつきます。

5 複合的な相談事例

　次に複合的な相談事例を挙げて検討してみましょう。シンプルな相談であれば、バイアスを排してきちんと状況をとらえられますが、複合事例には、一見もっともに見える「常識の罠」がたくさん仕掛けられていますので、慎重に対応する必要があります。

事例　子どものころ、性被害に遭いました。いまは男性として暮らしています。ジェンダークリニックで診察を受けたら、性同一性障害の診断が出せないと医師にいわれ、とても落ち込んでいます。

　相談員は、「この方は、本当にトランスジェンダーなのか、それとも、女性として生きるはずだったのに子どものころ性被害に遭った結果、男性として暮らすようになったのか」との疑問を持ちました。

　相談員の見立ては「子どものころ性被害に遭った」という最初のフレーズを重視しています。性暴力被害の大変さを知っていると、それが原因で社会的性別を変えたのではないかとの確証バイアスが働き、このような疑問が生じます。しかし、その見立てが合っているか、見当違いか、確率は半々です。

　この相談員には、「トラウマさえ克服すれば、普通に女性として生きていけるのではないか」という大前提があるように見えます。つまり、性自認が男性だからというより、トラウマのせいで、「シス女性なのに男性として暮らしているのでは」と感じているわけです。そういう場合もあることは確かですが、そうでないこともある。本人でないと答えは出せません。

　一方、相談者自身の性自認はどうでしょうか。トランスジェンダーの自認がはっきりしているかもしれないし、していないかもしれない。混乱しているのかもしれません。どちらかに勝手に決めず、

まずは出発点もゴールもオープンにして、本人がどうしたいかを傾聴することが大事です。

　性被害に遭ったとして、それがトラウマになることも、ならないこともありますが、この方の場合は相談内容に出てくるほどですから心の傷になっていたと仮定します。トラウマに向き合うこと自体は望ましいことで、万能薬ではありませんが、必要があればカウンセリングやトラウマを解除する治療方法も試すことができます。仮に、相談者がトラウマを解消できたとして、その後、どんな自認でどう生きるかは、本人次第ですので、安易な断定は避けるべきです。具体的には、「どういうふうに暮らしていきたいか」と聴いたり、「診断を得てどうしたいのか」と質問したりしてもいいですね。

　相談員の確証バイアスを排するためにも、すべてを関連づけて早急に結論を出すことなく、とらわれている本人の考えや感じ方が解き放たれることを目指して、相談を進めましょう。

6　ステレオタイプと偏見の歯車

　偏見というものは、歯車のようにいくつも組み合わさって回っています。世間には、相談者が帰属する集団への固定観念（ステレオタイプ）が存在していますので、それを即個々の相談にあてはめがちです。

　例えば、「トラウマを抱えるということは、何かしら不都合があるだろう」と思われがちです。もちろん不都合がある場合もありますが、克服すべきものだ、と思ってしまうことが、固定観念で、偏見につながります。この偏見の歯車が回り始めると、相談者が望んでいない方向に進む可能性があります。相談のさいは固定観念からもたらされる偏見をいったん外し、相談者個人の構成要素を一つひとつ、ていねいに見ていく必要があります。

　ジャーナリストであったウォルター・リップマンは、1922年にステレオタイプ（固定観念）という言葉を編み出し、その危うさに警鐘を鳴らしました。私たちは誰しも、何かしらのステレオタイプを持っています。メディアはこのステレオタイプを助長し、さまざ

まなイメージを増幅させます。リップマンはメディアの一員として責任を感じてこういう分析を発表したわけです。私はとても立派だと思います。

　ステレオタイプは、セクシュアリティの形成過程に立ちはだかり、発達を阻む大きな岩の塊になります。このステレオタイプによって、成育の過程で精神が破壊され、途中で生きることを諦めてしまう場合さえあります。とても怖いものですが、そのわりにはどこにでも転がっています。例えば「女性は細かいけれど、男性は大雑把」などもまさにステレオタイプです。教育の主な役割はこれを払拭することといっても過言ではありません。

7　支援者として不可欠な姿勢

「二重の受容」と社会環境のアセスメント

　相談にあたっては、「二重の受容」を心がけてください。まず、個人的な悩みは、LGBTQだからではなく、その人の悩みとしてそのまま受けとめる必要があります。しかし、なかには明らかに社会的対応が遅れていて、本人の生活に支障が出ていることもあります。すべてを個人的な悩みとして扱っては十分ではなく、それが個人的なものか、社会的な対応の遅れから来るものか、相談員がきちんと線を引かなければなりません。社会的対応が必要な部分は環境整備に結びつけ、改善します。相談票に記録し、担当者に伝達し、何らかの対策をとってもらえるよう提案・要請するアドボカシーを実践しましょう。

　誰かがつまずいて転び、けがをしたらまず手当をしますね。その上で重要なのは、転んだ原因を見極める。それが社会環境のアセスメントです。転んだ原因がめくれたカーペットだったり、思わぬ落とし穴だったりしたら、対策を打たなければいけません。

　それをしないままケガだけ防ごうとすると、「走るな、歩くな」と相談者の行動規制をすることになります。現にある差別に加担してしまっては、LGBTQの相談を受ける意味がありません。相談の現場では、ただ単に聞かれたことに答えるだけでなく、なぜそうい

う質問が出てくるのか、その背景に想いをはせ、適宜質問を交えながら対話を進めていきましょう。

構造的差別の視点をもちつつ傾聴する

支援者にとってもう一つ大事なことは、傾聴の方向性です。相談者が自分自身に自信がなかったり、後ろめたく思っていたり、自分が嫌いだという気持ちが強かったりする場合、「そうですよね」と同調してしまうと、相談者の嫌悪感を助長することになります。でも、「そんなことありませんよ」といっても本人の嫌悪感をなくせるわけではない、と相談員は悩みます。

こういうときには、構造的差別の視点を入れてください。この世のなかには、何をしなくても、いつの間にか差別が起きてしまう構造があるのです。構造的差別は坂の上にハンドブレーキがかかっていない車があるような状態です。ただ置いてあるだけで、自然に坂を転がり、ガチャンとぶつかってしまう。ですから、そこはしっかりとハンドブレーキをかけて止めることも必要です。そして構造そのものを崩していくために、下り坂をちょっと平らにすることです。

相談者が気にしていることがあれば、「こういうことが気になるのですね」と代わりに言葉にしてみる。「どういう経緯でそれが気になるようになったのか話してもらえますか」と聞いていくと、必ずいろいろな話が出てきます。

多元的な話をすることを心がけて、必要以上に線引きをしない。どちらを言うべきか迷ったら、どちらの可能性も想定する。「この相談者は男性なのか女性なのか知りたい、でもわからない、聞けない」という場合は、両方を想定しながら話を聴きましょう。

多重被害を防ぐ

個人が個人を支えるだけでは「点」に過ぎず、支え切れないことが多々あります。地域でLGBTQの活動をしていた方が自死という残念な亡くなり方をしてしまいました。その人にも支えてくれる人はいましたが、暮らしのなかでたくさんの傷つきがあったのだと思います。頑張っていて、見かけは平気そうでしたが、傷は思ったより深く幾重にも重なり、最後は軽くひと押しされただけで崩れてし

まう状況になっていました。これが「多重被害」です。

　LGBTQの仲間のなかには、家族や友人の自死に衝撃を受けて、「ああ、それほど苦しかったのか」とその心境に想いをはせ、やむにやまれぬ思いで活動を開始する人たちがいます。支援者の集団は、そうした人たちが中核となって形成されていくのです。いちばんの癒しは「語ること」ですが、仲間を亡くした話はどこでも話せるわけではありません。

　深い傷を負っていると、自死の話を聞くだけでとても不安になる人もいます。肯定的な情報も入手でき、不安を口にしてもいい安心安全な場がぜひとも必要で、そういう場所が全国に一つでも多くできていくことを願っています。

支援者の二次受傷（代理受傷）を理解する

　支援には痛みを伴うことがあります。過去に相談に乗っていた若者が自死し、その後その人がLGBTQだったと知って、それ以来、自分の対応は本当にあれでよかったのか、もっと何かできなかったのかと、ずっとそのことを抱えたまま、なかなか心を打ち明ける場所がない場合があります。「二次受傷」と呼ばれるこうした支援者からの相談の受け皿になるのも、LGBTQ相談の大事な役目です。

　ある自治体の職員研修からの帰りぎわに、若い職員が話しかけてきてくれました。学生時代に仲がよかったトランスジェンダーの友だちが、若くして亡くなった。仲間として受け入れていたのだが、もっと深い悩みがあったのかもしれない。ずっと心にしまってあったけれど、研修を受けて思い出し、思わず涙が出たとのこと。大切な友人を亡くしたときの衝撃や自責の念は、自分の感情を言葉や行動で表わす機会がないと、つらい記憶として長くしまい込まれます。支援者からの悩みに対しても、打ち明けてもらったら、「話してもらえてよかった」と伝え、人目を気にせず涙が流せる静かな場所で、しばし傾聴しましょう。

カミングアウトとアウティング
当事者の安全・安心を確保する

原ミナ汰 | NPO法人共生ネット共同代表

1 カミングアウトとは

社会との関係の再構築

　「カミングアウト」とは、広義には、これまで言わなかった個人的状況を他者に伝えることです。性的指向、性自認の文脈では、自身が性的マイノリティであることを打ち明けるときに使います。

　赤ちゃんの性別は、生まれたときにその外性器の形状を見て決められ、人生のゴールまで、そのときに割り当てられた性別で生きるようにレールが敷かれます。現在の日本社会では、子どもたちは多くの場合、「シスジェンダーで異性愛である」、そして「そうでないことは歪んだ、望ましくない状態である」という2つの大前提のなかで育てられます。

　性的指向や性自認は外見ではわからないので、たとえ成長過程で自分が「シスジェンダーで異性愛である」という前提にあわないと思っても、この前提をよしとする社会に自分のセクシュアリティを規定されたまま、息を潜めて生活するしかありません。カミングアウトとは、そんな身動きの取れない状況から脱出して少しでも楽に息をしたい、という試みであり、まさに自己と社会との関係性の再構築という大仕事なのです。

カミングアウトは性表現の一形態

　性の構成要素としては、身体の性、性自認、性的指向、性表現の4つがあげられますが、このなかで、カミングアウトはどこに位置づけられるのでしょうか。

答えは、性表現です。カミングアウトはジェンダーやセクシュアリティの表現手段として位置づけられます。私たちは「自分がどんな人間であるか」や「他者とどんな関係性をつくりたいか、つくっているか」を、服装や言葉遣い、一人称をどう使うかなどで、また、好きな人の写真を携帯電話の待ち受け画面にしたり、恋バナをしたりして伝えています。結婚指輪や結婚式は、既にパートナーがいることの表明であると同時に自分の性的指向を表現する手段でもあり、異性愛の人なら誰もが普通に行っている性表現です。結婚式の挨拶状を出すのも、いうなれば「公式なカミングアウト」といえます。

　では、何をカミングアウトするかですが、その内容は身体の性、性自認、性的指向に関するものなどさまざまです。しかしこれまで、性表現は「gender expression／presentation（ジェンダー表現）」とされ、性自認について言及するだけでした。私は、性表現に「セクシュアリティ（性的指向）の表現」も含めないと完全とはいえないと思います。「表現の自由」の原則に沿っていえば、これは「してもしなくてもいい」などと他者が口を出す問題ではなく、自分で決めていいことです。

　世の中には、まだまだ異性愛以外のセクシュアリティの表現を規制するという不文律があります。例えば、街のなかで男同士で手をつないで歩く人たちを見かけたことはありますか。私はたまに夜のスーパーで、いっしょに買い物をする男性カップルを見かけます。でも、ケーキ屋さんやレストランで男性が2人並んで座るだけで、やれオカマだ、やれゲイだとか冷やかされるので、座り方にまで気を遣わなければなりません。向かい合って座ればいいかというと、見つめ合うからそれもNG。同性間セクシュアリティの表現に関しては、とにかく見えない規制が多くて驚きます。だからこそ新宿二丁目など、自然に振る舞っていい場所に集まるわけですね。自由なはずのこの国で、いまどき人前で手もつなげないなんて人権侵害そのものですが、それが問題だと思われない。何となく「空気」で規制されて、関係性や親愛の情を表現できない。これが構造的差別の実態です。

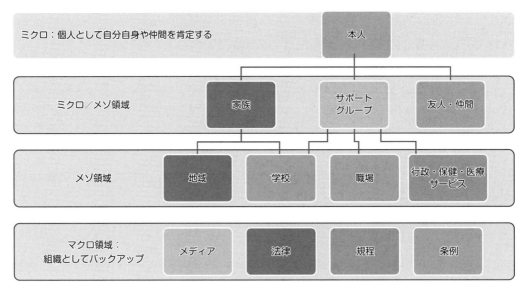

図表1　カミングアウトの多層性

ミクロ：個人として自分自身や仲間を肯定する	本人	
ミクロ／メソ領域	家族　サポートグループ　友人・仲間	
メソ領域	地域　学校　職場　行政・保健・医療サービス	
マクロ領域：組織としてバックアップ	メディア　法律　規程　条例	

カミングアウトは多層的

図表1は、カミングアウトの多層性を表したものです。

ミクロレベルでは、まず、自分へのカミングアウトがあります。自分のことに気づくことです。もちろん、自分ではまったく気づかない場合もありますが。次に、LGBTQとしての自覚が出てくると、他者へのカミングアウトがありますが、これにもいろいろな段階があります。最初は身近な友だちに個別にカミングアウトすることが多いですね。その後、家族や学校、職場へのカミングアウト、さらに地域やより広い社会へのカミングアウトと徐々に広がっていきます。

アライのカミングアウト

もう一つ、大事なカミングアウトがあります。それはLGBTQを理解・支援するアライ集団としてより社会に対して組織的にカミングアウトしていくことです。具体的には、企業として、自治体として、学校として、自分たちはLGBTQに対してフレンドリーな組織であることを表明するという行為です。例えば、ダイバーシティ宣言をしている企業は、ある程度カミングアウトしている組織といえます。自治体もそうです。世田谷区のようにアライ表明をしている自治体もありますが、「うちにはいません」という自治体もあるわけです。

日本はまだ同性婚を認めていないので、国としてはアライである
ことを表明していない状態です。実際にはLGBTの人たちがいるの
に、いないことにしたい、制度適用の必要はないとしているので、
国としては**クローゼット**に隠している状態です。カミングアウト
は、当事者が個別にするものだけと考えず、集団的にも行うものと
とらえることが大事です。

クローゼット
　自身のセクシュアリ
ティをカミングアウト
していないLGBTQの
人、またはそういう状
態。

2　カミングアウトの相談事例

事例1　カミングアウトする／しない

　「カミングアウトするのとしないのと、どちらがいいでしょうか」
という質問をよく受けます。相談員としてどう回答するかは悩まし
いところです。両極端の意見としては「やめておいた方がいい」と、
「どんどんしたらいい」がありますね。

　まず、強制はしないことが大事です。本人がしたければしてもい
いし、したくなかったらしなくてもいいわけです。でも、「したい
けれどもできない。それでもしてみようか」と葛藤している場合も
あるかもしれません。

　家族や友だちなら、「好きにしたらいいじゃない」「別にどっちで
もいいんじゃない」と答えるかもしれません。しかし、相談者は、
相談員に対してそういう答えを求めているのではありません。どう
いう状況でカミングアウトしたいのか、誰にしたいか、前にしたこ
とはあるか、そのときはどうだったか、など細かいことを相談員に
聞いてほしいのです。ですから、こういう質問には慌てて即答せず
に、相談者の個別の状況を確認するところから始めます。

　「カミングアウトに対してどんなイメージを持っていますか」「カ
ミングアウトをしたら何が起きると思いますか」「カミングアウト
をしたことのある人に、してどうだったかを聞いてみたことがあり
ますか」など相談員が詳しくたずねることで、考えの幅が広がりま
す。相談員とこういう話をしている間に、自然に何らかの結論が出
るかもしれません。「どうすればいいでしょう」と相談されたから
といって、必ずしも答えを求めているわけではないのです。こうい

Ⅰ　支援の前に

Ⅱ　支援の現場から

Ⅲ　公的支援を使うために

Ⅳ　こころと身体

Ⅴ　生活の場で

うときこそ、それをきっかけとして、いろいろ話を聞いてほしいと思います。

　ずっと赤のままの信号は、信号の意味がないのと同じです。単なる抑止は「私は苦しい状態の維持に加担します」というメッセージとなり、相談を受ける意味がありません。カミングアウトについて相談されたとき、「しないほうがいい」と安易に否定したり、気持ちをくじく助言をしたりせず、いかに「エンパワー対応」できるかが大事な相談スキルです。

事例2　ホルモン治療を始めたい

　高校1年生の男子から「ホルモン治療を始めたい」という相談がありました。

　「あとで後悔するかもしれないよ」「もう少し大人になってからよく考えればいい」というのは抑止的な助言です。相談員としては、そうではなく、「そう考えるようになったきっかけは何ですか」「5年後になりたい自分のイメージはどんなものですか」「ジェンダークリニックのウェブサイトを見てみましたか」「親には相談できそうですか」など、エンパワーするための対応を心がけます。相談員とのこうしたやりとりを進めるうちに、カミングアウトについても考えるようになるかもしれません。

　カミングアウトしづらい状態を放置すると、後から述べるアウティング不安が広がってしまうこともあります。

事例3　生徒のカミングアウト

　「生徒が自らカミングアウトしてくれればいいのに」という相談は、学校の教師からよくあります。「どの子がLGBTか見抜くコツを教えてください」と相談される場合もあります。

　こういう教師の質問は詮索的です。週刊誌上の「〇〇疑惑」などというネガティブな詮索に近いかもしれません。大人、特に教師や親は、子どもの詮索をしがちです。カミングアウトをしないのは、教師や親を信頼していないからかもしれませんが、子ども自身が自分のことをよくわかってない、うまく表現できないという場合もあります。そこをあまり先回りされても、子どもは困ってしまいます。

子どもたちに聞いてみると、「こんなことをいう先生は全然信用できない」「こういう先生の前では平気そうに振る舞う」「元気そうにする」という答えが返ってきます。子どもが表面的には笑ってやり過ごすうちに、悩みはかえって潜伏してしまうかもしれません。

相談員としては、教師がなぜこういう質問をするのかを考えることも大事です。「見抜きたい」と思うのは、事前に把握し、心の準備をしたいということです。何でも把握しておきたい、という把握癖は、不安解消のための対処行動です。「この子は最近元気がない」とか、「もしかしたら、この子は登校しなくなるかもしれない」という不安があるのかもしれません。教師自身がまずは自分の不安に気づき、言語化することが大事です。相談員は、教師が発する言葉から教師自身の不安をキャッチし、そこに分け入っていきましょう。

地域・教育現場で最近増えている相談類型

■Qに関する相談
・Q＝「LGBTのどれにもあてはまらない」アイデンティティ探し
▶Xジェンダー含め、男女二元制にあてはまらないノンバイナリーな相談が、合わせて3割程度

■保護者からの相談
・幼児、小中学生の子の性自認について
・就学時の学校対応に関して
・宿泊行事への参加を躊躇
・学校への相談を周囲に止められた
・10代の若者や成人した子がひきこもっている、死にたいと言っている

■支援者・教員からの相談
・過去に自死した若者がLGBTだった
・自分の対応はあれでよかったのか
・もっとできることがあったのでは
・校長が「うちにはいない」と研修を許可しない
・研修を実施してほしいが、当事者がいるので配慮してほしい

■いじめ、アウティング、予期不安の相談
・「同性とつきあっている」ことを問い詰められ、性別違和について「白状」させられた
・学校や職場で性別移行するさい朝礼で挨拶してはと「集団へのカミングアウト」を促された
▶カミングアウトは一度で済まそうとせず、小刻みに

■家族形成についての相談、LGBT複合家族の相談
・子どもがほしい、育てたい
▶児童生徒のみならず、保護者がLGBTである可能性も考慮し「LGBTの家族をもつ子どもへの配慮」も必要

相談員が教師の相談に乗ることで、不安を和らげ、より適切に子どもたちを見守ることができるように、エンパワー対応をします。その上で、安易な見極め努力はむしろ逆効果であることを伝えます。着目すべきは、どの子がLGBTQかを見抜くことではありません。LGBTQの子がきっと身近にいるという前提で、どういう環境がその子たちを苦しめるのか、あるいは居心地よく感じてもらえるのか、周囲の様子をしっかり観察し、記録してくださいとお願いしましょう。

　校長先生は好意的なのか、教務主任はどうか、養護の先生はきちんと理解しているのか、個別サポートは誰ができそうかなど社会環境のアセスメントを行うことで、教師の不安はだいぶ解消されます。これは当事者がカミングアウトしなくても、周りの大人ができることです。

3　家族の受容と拒絶

　家族はいちばん身近な存在にもかかわらず、必ずしもカミングアウトができる相手ではありません。LGBTQの人たちにとって家族との関係は、とてもデリケートです。**図表2**は、身近な人が同性愛

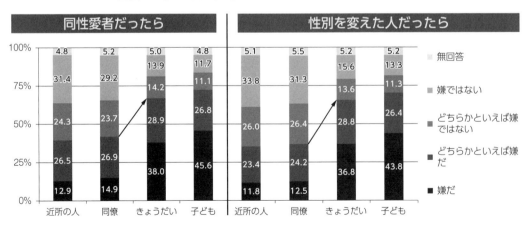

図表2　身近な人が性的マイノリティだったら、どう思うか

釜野さおり・石田仁・風間孝・吉仲崇・河口和也、2016年『性的マイノリティについての意識――2015年全国調査報告書』
科学研究費助成事業「日本におけるクィア・スタディーズの構築」研究グループ（研究代表者 広島修道大学 河口和也）編

者の場合と性別を変えた人だった場合に、〈近所の人だったら〉〈同僚だったら〉〈きょうだいだったら〉〈子どもだったら〉という関係別に、嫌悪感の度合いを聞いた調査です。

〈きょうだいだったら〉〈子どもだったら〉の家族のところで、「嫌だ」の回答が跳ね上がります。他人だったら仕方ないけれど、「オカマみたいなのが家族にいたら耐えられない」といった偏見です。これもまさにステレオタイプのなせる業ですが、実は、実際にLGBTQを家族に持つ人に聞いてみると、この嫌悪感は低くなります。

家族による受容／拒否は性的マイノリティにとって、非常に影響が大きいとされています。受容されると心からうれしいし、拒否されると本当に辛いという、天国と地獄みたいな状況です。それだけに、いったんは拒否した家族が受容に転じた場合、双方がとてもエンパワーされるのも確かです。

相談員は、家族が強く拒否をしたらそれで終わりとは思わないでほしいです。親の子に対する期待や幻想が打ち砕かれるので、最初の拒絶は仕方がないことですが、ここで終わりではありません。もう一幕、劇的な変化があるかもしれないという認識を持ちましょう。

4 アウティングを防ぐ

プライバシー権を著しく侵害し、許されない行為

アウティングとは、人の性自認、性的指向を、本人の了承を得ずに他人に暴露することです。アウティングが大きな社会問題になるきっかけになったのが、一橋大学法科大学院の男子学生の転落死です。2015年4月、男子学生が、同じゼミの男性に「好きだ」と告白し断られたのが発端となり、気まずい関係が続いた後、ゲイであることをゼミのLINEグループにアウティング（暴露）されたのです。学生は、担当教授や大学のハラスメント相談室などに相談したものの、対応に納得できないまま心身に変調をきたし、同年8月、授業中に大学構内で転落死するという結果になりました。遺族によって民事訴訟が起こされ、2020年11月に東京高裁判決は、大学の管理責任は問わなかったものの、アウティングについては「人格権な

いしプライバシー権などを著しく侵害するものであり、許されない行為であることは明らか」とその違法性に初めて言及しました。

必ず本人の同意を得る

アウティングには悪意がある場合と、そうでない場合があります。別れた恋人が元恋人の情報を漏らすのは、元恋人の生活基盤を破壊しようという「リベンジ意図」つまり悪意があり、法規制が必要です。興味本位のうわさ話もあります。実害を特定しにくい風評被害のようなものですが、相手の不利益を承知の上で拡散させれば、悪意があったと判断されます。一方で、「よかれと思って知らせた」という悪意のないアウティングもあります。

悪意がない場合でも肝心なのは、本人の同意があったか、なかったかで、同意は必須です。一旦情報が拡散すると、その情報は同意があってのものなのか、同意なき拡散なのか、受け取る側は判別できません。1件のアウティングがあると、それを知った関係者全員に「自分もアウティングされるのではないか」と不安が広がります。アウティングされたくがないために、これも言えなくなる、あれもできなくなると、コミュニケーションに支障が出て、不安症状やパニック障害が生じることがあります。

他人についての情報をほかの人に伝えるときは、必ず本人の同意を得る必要があります。これは誰にでもできることですから、面倒でも必ず同意を取りましょう。取れなければ、自傷他害など緊急性がない限り知らせてはいけません。本人との間で同意があれば、もし結果が望むようなものでなかったとしても収拾でき、次の一手をいっしょに考えることもできます。

事例4　同意のない情報提供

ある企業の部長がAさんとBさんの2人の部下から別々にカミングアウトされました。「そうか、やはり結構いるな」と思い、Bさんとの雑談のなかで「Aさんも同じだから相談してみたら」とうっかり言ってしまいました。

情報ゾーニング

　情報ゾーニングとは、対象者別に情報を区分することや制限することを指します。Ａさんから聞いたことを同意なしにＢさんに伝えること、またその逆も、ゾーニングができておらず、情報管理上問題です。

　仮にＡさんの同意があったとしても、ＢさんにＡさんの情報を伝えるときは、ＡさんがＢさんに伝えていいと同意が取れていることも併せて伝えます。そうしないと、Ｂさんは「自分の情報も他の人に漏れてしまうのではないか」と不安になります。

　また、Ａさんが社内ですでにカミングアウトしており、「ほかに誰かいたら相談に乗りますので、私につないでもらって構いません」と言ってくれていたとしても、Ｂさんにしてみれば、Ａさんがどこの部署の誰かがわからないと連絡しづらいです。ＢさんがＡさんにつながるためには、小さくても社内相談チームをつくり、相談窓口を設置することがいい方法だと思います。そうすれば、相談窓口用のSNSアカウントを使って連絡を取り合い、面接につなぐことができます。

集団へのカミングアウトとそのリスク

　企業などで、アウティングを回避しながら相談を受けるのは手間のかかる作業です。それならば、「集団に対して一度にカミングアウトしてしまえばいいのでは」と考える人がいても不思議ではありません。

　しかし、一度カミングアウトしても、翌年に新しいメンバーが入ってくると、またカミングアウトする必要が出てきて、何度やってもキリがありません。加えて、集団に対して一度カミングアウトすると、撤回するのは難しく、うわさが拡散されるリスクも高まります。集団へのカミングアウトは、後から問題が発生することが多いといえます。

　そのため、企業などではまずは小集団に向けてカミングアウトし、結果を見ながら少しずつ広げていく「さざ波方式」で、小刻みにアライを増やすよう助言しています。

セルフヘルプ・グループ
仲間とつながる

金井　聡	社会福祉士 精神保健福祉士

1 セルフヘルプ・グループとは

　セルフヘルプ・グループ（以下、SHG）とは、病気や障害、何らかの生きづらさや社会的な課題を抱える本人や家族が、自らの悩み、経験、知恵などを共有し、支え合うことを目的にした集まりのことです。セルフヘルプ（self-help）は、「自助」と訳されることもありますが、社会保障のあり方を表すときに使われる「自助・共助・公助」における「自助」の意味合いとは異なり、「共助」や「互助」の性格が強い組織といえます。

　SHGが本格的に立ち上がり始めたのは1930年代です。当時のアメリカではアルコール依存症患者、精神障害者などのグループが活動していたといわれています（久保、2004）。日本では、第二次世界大戦後、ハンセン病、結核の患者会や、知的障害者の親の会などが結成されましたが、本格的にSHGが広がるのは、1960年代以降になってからでした。

　SHGに近い概念に、ピア・サポートがあります。これは、「ある人が同じような苦しみを持っていると思う人を支える行為、あるいは、そのように思う人同士による支え合いの相互行為」（伊藤、2013）などの定義でとらえられています。ピア（peer）は「仲間」を意味しており、同じ病気や障害、マイノリティなど「当事者性」という共通点があり、語り手と聴き手の立場が入れ替わることが特徴です。SHGは、ピア・サポートが働く場ですが、ピア・サポートには、手紙や電話など、個人間のやりとりを含むのに対して、SHGは組織としての継続性をもつといわれています。

久保紘章『セルフヘルプ・グループ—当事者へのまなざし』相川書房、2004年

『ピア・サポートの社会学—ALS、認知症介護、依存症、自死遺児、犯罪被害者の物語を聴く』伊藤智樹編、晃洋書房、2013年

図表1　SHGとピア・サポートの関係

ピア・サポート
（手紙や電話など、個人間のやりとりを含む）

セルフヘルプ・グループ
（組織としての継続性）

『ピア・サポートの社会学』（伊藤智樹編著、晃洋書房）に示された図をもとに筆者が作成

　図表1は、SHGとピア・サポートの関係を示したものです。

　何らかの「当事者性」がある人にとって、「仲間」とつながることは大きな意味をもちます。一時的な病気やケガのように、治癒や回復が見込めるものであれば、「いつかは元の状態に戻る」という前提でとらえることができます。しかし、慢性疾患、機能障害、アイデンティティに関わるマイノリティ性などは、「回復」という文脈では語りにくく、修復困難であるがゆえの悲嘆や喪失を意味することもあります。

　『セルフヘルプという力―みんなでつくるセルフヘルプグループ〜はじまりの物語〜』には、「自分でも何に悩んでいるのかわからなかった。こんなことで苦しいのは自分だけなんじゃないかと思っていた」、「インターネットやテレビを見て自分が『当てはまる』ものを探し求める日々だった」、「みんな、どうやって生きているんだろう」などセルフヘルプ・グループに出会う前の言葉が記述されています。自分自身の存在や経験を、他者と共有できない孤独感を抱える当事者も少なくありません。同じような経験やアイデンティティを共有できる「仲間」との出会いには、これまで誰にもいえなかった悩みを初めて打ち明けることができたり、ようやく自分らしくいられる場所を見つけたり、専門職による治療や援助とは違う、別の力があるともいえるでしょう。

『セルフヘルプという力 みんなでつくるセルフヘルプグループ〜はじまりの物語〜』東京ボランティア・市民活動センター編、2019年

https://www.tvac.or.jp/special/selfhelp/

SHGにはたくさんの種類がある

　ところで、「当事者」や「マイノリティ」にたくさんの種類があるように、SHGの種類も非常に多岐にわたっています。

　まず、障害当事者、マイノリティ当事者、患者など、本人たちによる集まりです。肢体不自由者、視覚障害、聴覚障害、知的障害、精神障害、アルコール依存症、HIV/エイズ、がん、若年性認知症、パーキンソン病など、障害や病気の種別によって、それぞれのSHGが組織化されてきました。また、セクシュアル・マイノリティ（そのなかでセクシュアリティごとにも存在する）、性暴力被害者、自死遺族、児童養護施設出身者、原発事故の避難者など、さまざまな当事者性をもつ人たちのグループも広がっています。

　もう一つは、複数の当事者性を重複して抱える人たちによるものです。ここには、セクシュアル・マイノリティと精神疾患をもつダブルマイノリティ、認知症やパーキンソン病など同じ疾患のなかでも若年者たち、障害のある女性たちなどが含まれます。「若いうちに病気にかかったけれど仕事や子育てはどうすればよいのか」、「セクシュアル・マイノリティのコミュニティでは精神疾患のことを話せず、逆に精神疾患のコミュニティでは自分のセクシュアリティをカミングアウトできない」など、1つの当事者性だけでは共有しにくいニーズに気づいた当事者が、新たなSHGを立ち上げるというケースもあります。

　さらに、障害児者や患者の家族など、本人の周囲にいる人たちの集まりです。障害児者の親の会や認知症患者を介護する家族の会などは、全国や都道府県、市区町村ごとにSHGとして活動しており、そのなかには歴史の長い団体も含まれています。近年では、これらに加えて、障害児者のきょうだい、子ども、パートナーの立場などのSHGも増えつつあります。例えば、聴覚障害の親をもつ子ども（Children Of Deaf Adults：CODA）が、いわゆる「ろう文化」のなかで育ってきた場合、学校など「聞こえる」人同士のコミュニケーションで悩むことがあります。ところが、そうした状況を知らない周囲の人たちから、「あなたがしっかりしなさい」、「えらいね、頑

...どもの性と生

...践報告

...永野真希・林奈穂子／編著

...、施設職員のハウツー本

...する課題を抱えている児童養護
...等に暮らす子どもたちへの性教育
...必然性が叫ばれています。施設が、ど
の子にとっても安心して自身の「性と生」
を育んでいける居場所となることを願
い、役立つ一冊としてお届けします。

A5判　192頁
ISBN 978-4-7803-1152-5　C0036
2200円(本体2000円＋税)

パンツのなかのまほう

なかがわさやこ：さく
てぐちかずみ：え

子どもを性被害から守る絵本

「パンツのなかには魔法があり、それ
を盗もうとするどろぼうがいる」とい
うス トーリーを通して、子どもが「性
被害から自分を守る」「被害を受けた
ら大人に 訴える」ことができるよう
上手に被害救済のポイントを伝えま
す。巻末には、大人に知っておいてほ
しい知識を掲載しています。

190mm×190mm　36頁(オールカラー)
ISBN 978-4-7803-1173-0　C8793
1760円(本体1600円＋税)

...にみる世界の性教育

橋本紀子・池谷壽夫・田代美江子／編著

多様に進化する世界の性教育を紹介

性情報が氾濫し、大人が知らないとこ
ろで世界とつながるネット時代。子ど
もに何をどう教えたらいいのか？そ
のヒントを、最新の科学的知見と多様
な性を尊重し、よりよい行動を選択す
るスキルを育てる世界の性教育先進
国の教科書から学ぶ。日本の教科書
も、その変遷をふまえて紹介します。

A5判　184頁
ISBN 978-4-7803-0947-8　C0037
2200円(本体2000円＋税)

乳幼児期の性教育ハンドブック

"人間と性"教育研究協議会乳幼児の性と性教育サークル／著

保育者のための性教育指南書

家庭における性教育とあわせて大事
なのが、乳幼児が長時間すごす保育所
や幼稚園等の保育・教育施設での性教
育です。本書は、保育者のための性教
育指南書です。園で性教育を導入する
際の考え方、実践例、絵本ガイド、用語
解説など、どこから読んでも役立つ1
冊になっています。

B5判　128頁
ISBN 978-4-7803-1149-5　C0037
2200円(本体2000円＋税)

かもがわ出版　〒602-8119　京都市上京区堀川出水西入
☎ 075-432-2868　FAX 075-432-2869
かもがわ出版　http://www.kamogawa.co.jp/

見えない妊娠クライシス

佐藤拓代／編著

予期せぬ妊娠に悩む女性を社会で支える

経済的な困難や複雑な事情など、子ども
を産み育てる環境を整えられないまま、
予期せぬ妊娠で葛藤する妊婦を社会的
支援につなぐ。韓国での未婚母支援、ド
イツの「匿名出産」や「内密出産」など、女
性と赤ちゃんを守る海外での取り組み
に学びながら、日本における性と生の現
実を踏まえ、妊娠期の支援を考える本。

A5判　172頁
ISBN 978-4-7803-1008-5　C0036
2090円（本体1900円＋税）

日本と世界のLGBTの現状と課題

SOGIと人権を考える

LGBT法連合会／編

性的マイノリティの人権を保障するために

差別禁止法をつくったブラジル、オラン
ダ、ニュージーランド、フランスの大使館
による経緯と内容の説明や津田塾、明治、
ＩＣＵの学長による大学の取組報告、職場
における問題点の解明など、SOGIへの取
り組みの現状と課題を明らかにする。

A5判　160頁
ISBN 978-4-7803-1016-0　C0032
1760円（本体1600円＋税）

① 女の子、男
② 恋愛とセックス
③ 妊娠と避妊のメカニズム
④ STD（性感染症）を防ぐ

DVD各巻：25分　価格：各巻7,700円（本体7,000円＋税）　セット

DVDの4つのポイント
弊社HPにてDVDのダイジェスト映像が見られ
http://www.kamogawa

1 長く女性医療や性の健康教育に携わってきた産
婦人科医（医学博士）による構成・監修

3 健康に関する最新の医学情報を踏まえ、コンピ
ュータグラフィックも多用して分かり易い

2 生徒たちと対話しながら進めており、思春期の
生理・からだ・こころの疑問にぴったり合致

4 授業・学習会用の使用マニュアル、教師・講師
向けの解説本がついて、誰にでも活用可能

構成・監修　対馬ルリ子　　制　作　株式会社イオス

張ってね」と声をかけられたり、子どもとして親のことを気遣うが
ゆえに、自分の悩みを打ち明けられなくなってしまうこともありま
す。そのような経験を同じ立場の人たちで共有し、自分自身の人生
を生きていくための場としても、SHGが役立つこともあるのです。

3 SHGがもつさまざまな特徴

SHGには多様な役割があり、それぞれのグループごとに特徴が
異なります。そのなかの一つに、個々の当事者が抱える悩みや感情、
経験の分かち合いがあります。それまで、自分のアイデンティティ
に葛藤してきた人が、SHGにたどり着き、参加者がありのままに
話をしている姿を見て、他の人も同じような悩みを抱えていたこと
に気づいて、「自分ひとりじゃない」と感じられるようになる場合
もあります。

セルフヘルプ・グループの研究者であった久保紘章氏は、メン
バーがグループに所属し、参加の度合いを深めていく過程で、「自
分だけという感情」("I" feeling) から、「我々感情」("We" feeling)
への気持ちの変化が起こり、心理的防衛が取り除かれていくことに
ついて述べています (久保、2004)。このような感情の分かち合い
は、自分は何が好きなのか、感情や意志を自ら封じこめて生きてき
た人にとって、自分自身で生き方を選び、前に進むためのステップ
となることもあります。

また、当事者が生活する上で有益な情報を得られることもSHG
の特徴の一つです。困ったときにどのような制度を使えばよいか、
どの病院の先生がていねいに話を聴いてくれるか、親にカミングア
ウトするときはこのような手順を踏んでみてはどうかなど、同じよ
うな経験をもつ当事者のコミュニティで培われてきた「生活の知
恵」が蓄えられている場でもあります。

さらに、仲間のサポートを通して、実は自分自身がもっともサポー
トを受けているという「ヘルパー・セラピーの原則」は、SHGに
ついてのこれまでの研究でも論じられてきましたが、専門職との関
係において「支援される対象」として役割が固定されるのではなく、

SHGでは、支援する側とされる側の関係が入れ替わるのが特徴的です。

　このように、誰かのサポートを通して、自分自身が生きるための力を得ていくうちに、周囲や社会を居心地よくするために、さまざまな働きかけを行う当事者もいます。交流会の主催、情報発信、啓発、ロビー活動など、社会や制度の変革に向けた動きも、SHGが担う役割の一つといえるでしょう。

　ところで、当事者のライフステージによって、どのような場所を必要としているかが変わるように、それぞれのSHGがもつ役割と特徴は異なります。それまで孤独感のなかにいた当事者が初めて仲間と出会える場を提供したり、仲間からの生活相談を受けるSHGもあれば、一般社会への情報発信や啓発に力を入れたり、国や自治体に制度改善を求めてロビー活動をするSHGもあります。どれか一つの役割に軸足を置くグループもあれば、グループ内に複数の機能を併せもつ場合もあります。それぞれのSHGが何を目的として、どのような活動をしているのか、理解することが大切です。

4　SHGが直面している課題

　大半のSHGは、参加者個人の責任と主体性においてボランタリーな運営に支えられています。そのことは、SHGがもつ強みの一つですが、組織としての弱点になる場合もあります。SHGの主催者や運営者も、当事者の一人ですが、組織のなかで頼られる存在になっていくと、自分自身の悩みを誰にも話せず、孤立することも少なくありません。支援と被支援の関係が固定しないとはいえ、一部の人に負担がかかりやすい仕組みであることもまた事実です。そして、運営を中心的に担える当事者リーダーが少ない地方では、なかなかSHGが見つからない場合もあります。逆に人口が多く、匿名性が高い都市部には、SHGが集中しやすい傾向があります。

　また、同じ「仲間」だからとはいえ、つねに共通項を見出せるとは限らない、というSHGの難しさもあります。かえって、ささいな「違い」が気になったり、長く所属しているメンバーが発言力を

もつことで新しい参加者がいづらくなったりなど、人間関係のトラブルが起こることがあります。

　補助金や助成金を受けていないSHGの場合、慢性的な資金不足になりがちです。経済的に苦しいメンバーが多い場合、会費や寄付金を集めにくくなるという事情もあります。持続的な運営が可能になるための資金調達の方法も、SHGの多くにとっては課題の一つです。

　新型コロナウイルスの感染拡大によって、対面で集まるのが難しくなったことも、SHGのメンバーや運営に影響を与えています。もちろん、オンライン化が進んだことで、これまで会場に足を運ぶことが難しかった人たちにとって、参加しやすくなったことはいうまでもありません。また、遠くの地域に住む当事者がさまざまなSHGに参加しやすくなり、地域を越えた交流が進んでいるというメリットもあります。

　一方で、パソコンやwi-fi環境がない人たちや、同居する家族に自分の当事者性をカミングアウトしていない人たちにとっては、SHGへの継続的な参加が難しくなっています。また、画面の向こうに誰がいるかわからないオンラインの集まりは、SHGに初めて参加する当事者にとってはハードルが高いといえるでしょう。複数のSHGが連名で発信している「**コロナ禍における居場所についての共同メッセージ**」では、「仲間」との交流が持てなくなったことで、症状が悪化したり生きづらさを共有できず、ふたたび孤独感に苦しむ当事者の様子が報告されています。オンラインのメリットを踏まえた上で、当事者のなかにあるさまざまなニーズに配慮したSHG運営が求められています。

コロナ禍における居場所についての共同メッセージ
https://ikidurasajapan.club/info/detail/info_id/56

5　SHGとの協働関係

　以上に述べてきた課題に対し、周囲の人々や専門職はどのようにSHGに関わることができるのでしょうか。SHGは当事者同士の支え合いによる活動です。支援者や専門職が主導してSHGを立ち上げるケースもありますが、あくまで当事者主体を軸にした協働関係

に移行できることが望ましいと考えられます。

ソーシャルワーカー、行政担当者、企業の社会貢献担当、キャリアコンサルタント、ボランティアセンターや男女共同参画センターのスタッフなど、さまざまな立場の人たちが、SHGとの接点を持っています。例えば、組織運営の相談、助成金情報の提供、広報、事務局業務の補助、会場の提供、当事者をつなぐ、寄付をするなど、それぞれの立場に応じた多様な支援の形があると思います。

ただ一点、大切なことは、SHGとは、治療や支援では埋め合わせることのできない、それらの限界を反映する存在であるということです。困っている当事者本人から相談を受けたときに、単に情報だけ提供してその後の対応を丸投げする先でも、専門職による援助を補完するための社会資源でもなく、それぞれのSHGの目的や活動内容を理解した上で、対等な協働関係を築くことができるかが、支援者に問われているといえるでしょう。

6 セクシュアル・マイノリティとSHG

ここまで、SHG一般についての特徴や直面している課題、協働関係のあり方について述べてきました。では、セクシュアル・マイノリティにとってSHGとはどのような存在なのでしょうか。

冒頭に、長い間、孤独感のなかにいた当事者が、「仲間」とつながることの意味についてお話ししました。ゲイ・バイセクシュアル男性向けの出会い系アプリユーザーを対象に実施された**LASH調査**によると、家庭や職場、学校で誰にもカミングアウトしていない、と回答した当事者は、約70%にのぼります。

また、2019年に実施された「**職場におけるダイバーシティ推進事業報告書**」では、「いまの職場の誰か一人にでも、自身が性的マイノリティであることを伝えているか」という質問に対して、レズビアン、ゲイ、バイセクシュアル当事者の80%以上、トランスジェンダー当事者でも70%以上が、「伝えていない」と回答しています。これらの数字からも、セクシュアル・マイノリティ当事者の多くは、自分自身のセクシュアリティを隠しながら日常生活を送っているこ

LASH調査
　調査平成29年度厚生労働科学研究費補助金エイズ対策政策研究事業の報告書、2017年

職場におけるダイバーシティ推進事業報告書
　令和元年度厚生労働省委託事業、三菱UFJリサーチ＆コンサルティング

とがわかります。自分を隠すことなく安心して居られる場所やコミュニティの存在がいかに大切なものであるのかを示していると思います。

さらに、同じ「セクシュアル・マイノリティ」の間でも、それぞれの性自認や性的指向においても多様性があり、必ずしも共通性を見出せるとは限らないのが現状です。ゲイやレズビアンとは異なる、アセクシュアルやノンバイナリーなど、セクシュアリティも多様化しています。また、障害があるダブルマイノリティや、未成年者、高齢期にさしかかった当事者など、健康状態や年齢の多様化とともに、SHGへのニーズも広がっています。

セクシュアル・マイノリティのSHGには、それぞれのセクシュアリティベースでつながるグループのほかに、精神疾患、発達障害、依存症、自死遺族、中高齢期、家族や友人など、テーマごとのグループ、地域や自治体ベースでつながるグループなどがあります。テーマごとのSHGでは、同じ当事者性を抱えていたり、年代が近いからこそ、悩みや話題を共有できる部分が大きいようです。また、地域での友人づくりを目的にするだけでなく、近年は、自治体でのパートナーシップ制度を求める活動を展開しているSHGも増えています。

これらのなかには、参加を当事者のみに限定しているグループもあれば、アライや家族などゆるやかな参加条件を設けているグループもあります。当事者をSHGに紹介するさいには、本人のニーズとグループの特徴をよく理解した上でマッチングを考える必要があります。

7 世田谷にじいろひろば

SHGの事例の一つとして、世田谷区立男女共同参画センターらぷらすで月１回開催している「世田谷にじいろひろば」を紹介したいと思います。これは、2015年度から２年間、世田谷区の「区民企画協働事業」として３つのLGBT関連団体（現・認定NPO法人ReBit、NPO法人レインボーコミュニティcoLLabo、NPO法人共生社

会をつくるセクシュアル・マイノリティ支援全国ネットワーク）が連携して、居場所プロジェクトを実施したことから発展したグループです。

2017年4月より、毎月第四土曜日の午後に「交流スペース」を開催し、筆者をはじめとするLGBT当事者が交代でファシリテーターを務め、これまでに、ゲームや座談会、作品づくり、映画鑑賞

世田谷にじいろひろば　チラシ

世田谷区立男女共同参画センターらぷらすの交流スペースにある本棚

などを行ってきました。参加者は、当事者に限らず、アライや家族、世田谷区民以外でも可能な、ゆるやかな集まりとしています。座談会のテーマは、カミングアウト、家族との関係、仕事、服装の選び方など、当日の参加者で決めることもあります。参加者は、コロナ禍でのストレスを共有したり、トランスジェンダーが利用しやすい医療機関などの情報を得る場にもなっており、それぞれの目的に応じて自由な利用の仕方をしています。

公的機関で日中に開催されるという安心感からか、どのSHGにもつながっていなかった当事者が、「初めてLGBTの集まりに参加した」と言うことも何度かありました。その意味で、自治体がSHG等と協働して交流の場を提供することは、ゲイバーやSNS上の出会いとは異なる、さまざまな立場の人たちの参加を可能にする側面があると考えられます。

8 SHGの社会的意義

孤独感を抱えてきた当事者にとって、悩みを共有できる「仲間」との出会いは、自己肯定感を高め、周囲や社会を居心地よく変えていくためのプロセスです。SHGは、当事者の葛藤や日常的な経験から生まれた工夫や知恵が蓄えられた場でもあり、そうした共助の力に対して、支援者は目を向ける必要があります。

とはいえ、SHGは万能な組織ではありません。専門職の「肩代わり」をするものではないし、そのグループの目的や性格に合わないメンバーがいづらくなってしまうことも、ときにはあります。それらを念頭に置きつつ、支援者はどのようにSHGとの協働関係を築くことができるかが、課題の一つでもあります。

そもそも、たくさんのSHGが存在するということは、社会構造が生み出すスティグマや差別、生きづらさがまだ解消されていないことの裏返しでもあります。その意味で、SHGは社会のあり方を問い直す存在だととらえることもできるはずです。これらの社会課題の解決を、SHGや当事者だけが担うのではなく、市民としてともに考えていく必要があるのではないでしょうか。

参考文献
・Riessman. F. *The "helper" therapy principle, Social Work*, Oxford, 1965.
・A.H. カッツ『セルフヘルプ・グループ』久保紘章監訳、岩崎学術出版社、1997年
・A.W. フランク『傷ついた物語の語り手―身体・病い・倫理』鈴木智之訳、ゆみる出版、2002年

III

公的支援を使う
ために

支援のための法知識
司法の仕組み、法制度、法的課題を学ぶ

森　あい　弁護士

1　セクシュアル・マイノリティに関わる司法手続

　一口に「裁判を起こす」「訴える」といっても、そのさいに想定される司法手続きは目的によって性格の違う3つに分かれます（**図表1**）。

　法律上の性別を変えるとか、名前の変更など、性同一性障害者などに関わるものは、家事手続に含まれます。

　ところで、事案によって、どれくらいセクシュアル・マイノリティであることと関わりがあるかは濃淡があります。例えば、自転車同士の事故で高価な自転車が壊れ、相手から損害賠償を請求されたといった場合は、当たり前ですが、セクシュアル・マイノリティであることで適用される法律が違うということはありません（なお、個人賠償責任保険の被保険者の範囲に同性パートナーが含まれるか、という問題はあります）。

　しかし、例えば、「ゲイであることを公表するぞ」と脅かされているとか、レズビアンバーで知り合った人にお金を貸して返してもらえないといった事案は、適用する法律はセクシュアル・マイノリティでもそうでなくても同じですが、セクシュアル・マイノリティについて一定の知識があった方が状況をよく理解できます。

　さらに、「法律上の性別を変

図表1　司法手続き

	刑事手続	民事手続	家事手続
目的	犯罪事実の有無を調べ、刑事罰を科すること	私人間の紛争（お金を返してほしい、慰謝料を払ってほしい等）を解決すること	身分関係の問題（性別の取扱いの変更や名の変更など）や、家庭の中、親族間などで起きた紛争を解決すること
当事者	国（検察）×被告人（被疑者）	私人（自分）×私人（相手方）（家事手続では相手方がいないこともある）	
結論の出し方	裁判官（裁判員）の判断（裁判をするかどうか自体は検察官の判断）	裁判官の判断または当事者の合意（和解）家事調停ほどは利用されていないが、民事でも調停はある	調停：当事者の合意審判：裁判官の判断裁判：裁判官の判断または当事者の合意（和解）

えたい」「自分が亡くなった後、同性パートナーに財産を引き継がせたい」といった事案では、性別の変更については特別な法律があったり、あるいは、法的に結婚できないことで法律が適用されなかったりするため、セクシュアル・マイノリティであることに深く関わります。

2 「性同一性障害者の性別の取扱いの特例に関する法律」

性同一性障害者の定義

2003年に、「性同一性障害者の性別の取扱いの特例に関する法律」（以下、「特例法」）が成立し、2004年に施行されました。これは、いまのところ、日本では唯一のセクシュアル・マイノリティ関連の法律です。

「特例法」は第2条で、**性同一性障害者**を右のように定義しています。定義では、「別の性別であるとの持続的な確信を持ち」となっているので、例えば、生まれたときに「男」と性別を割り当てられた人が「自分は男じゃない。でも女という持続的な確信もない」という場合には、この定義から外れてしまいます。

性別の取扱い変更の要件

法律上の性別の取扱いの変更が認められるには、まず、2人以上の医師の一致した診断の結果、治療の経過や結果などが記載された診断書の提出が必要とされ、さらに**図表2**のすべての要件も満たすと裁判官が判断すれば認められます。

年齢の要件は、2022年度から18歳以上に改正されます。これは民法で定められている成人年齢を18歳へ引き下げることに伴うものです。例えば、高校3年生が就職や進学を前に性別を変更しておくことも可能になります。

婚姻についての要件は、婚姻中に片方が性別を変更してしまうと同性婚状態になるので、それを避けるための要件です。

性同一性障害者の定義
（「特例法」第2条）
生物学的には性別が明らかであるにもかかわらず、心理的にはそれとは別の性別（以下「他の性別」という）であるとの持続的な確信を持ち、かつ、自己を身体的及び社会的に他の性別に適合させようとする意思を有する者であって、そのことについてその診断を的確に行うために必要な知識及び経験を有する2人以上の医師の一般に認められている医学的知見に基づき行う診断が一致しているもの。

図表2　性別の取扱い変更の要件

①20歳以上であること（2022年から18歳以上に改正）（成人要件）
②現に婚姻をしていないこと（非婚要件）
③現に未成年の子がいないこと（未成年の子無し要件）
④生殖腺がないこと又は生殖腺の機能を永続的に欠く状態にあること（手術要件1　生殖腺要件）
⑤その身体について他の性別に係る身体の性器に係る部分に近似する外観を備えていること（手術要件2　性器外観近似要件）

3つ目の子どもに関する要件は、2003年時点では「現に子どもがいないこと」となっており、子どもがいれば何歳の子どもがいてもとにかくダメという厳しいものでした。2008年の改正で「現に未成年の子がいないこと」となりました。未成年に限定されたのはせめてもですが、親子関係はさまざまですし、法がそこまで介入するべきか疑問があります。この要件をめぐって裁判も行われています。改正の可能性があります。

4つ目の要件は、女性の体をもっていれば卵巣を取る、男性の体であれば精巣を取るということで、健康な臓器にまで外科的な手術を原則必要とする、人権侵害の度合いの高い要件です。トランスジェンダーの男性がこの要件について争った裁判があります。最高裁まで争われましたが、2019年、現時点では合憲とされました。しかし、5人のうち2人の裁判官が「現時点では**憲法第13条**に反するとまではいえないものの、その疑いが生じていることは否定できない」という補足意見を述べています。

5つ目の要件は、性器外観近似要件です。女性の体をもっていれば、ホルモン治療によって外性器にあらわれる変化をもってよしとされるのが通常ですが、男性の体をもっている場合にはそうはいかず、ここでも外科的な手術が必要となります。これも、人権侵害の度合いの高い要件です。

性別の取扱い変更の効果と件数

家庭裁判所で上記の要件をすべて満たすと判断されると、「他の性別に変わったものとみなす」ということになります。例えば、**性別の取扱いを変更**する前は、法律上の性別が同性同士で結婚できなかった場合も、一方が変更すれば、法律上の性別の上でも男女なので結婚も可能になります。

これまでにどのくらいの方が性別の取扱いの変更を認められたかというと、2004年の97件から2019年の948件まで、16年間の累計で9625件、さらに、2020年には1万件を超えたようです。

憲法第13条
すべて国民は、個人として尊重される。生命、自由及び幸福追求に対する国民の権利については、公共の福祉に反しない限り、立法その他の国政の上で、最大の尊重を必要とする。

性別変更後の法令上の取扱い（「特例法」第4条）
性別の取扱いの変更の審判を受けた者は、民法その他の法令の規定の適用については、法律に別段の定めがある場合を除き、その性別につき他の性別に変わったものとみなす。

3 性別の取扱い変更に関する裁判例

性同一性障害（GID）・法律上も父になりたい裁判

　性別の取扱いを男性へと変更した人が女性と結婚して、第三者から精子の提供を受けて、妻が妊娠し、無事出産しました。父として出生届を提出しましたが、戸籍上、父の欄が空欄とされたため、父として記載するよう戸籍の訂正を申し立てた裁判です。「遺伝的なつながりがないのに無理な話だ」と思われるかもしれませんが、妻が婚姻中に妊娠した子は夫の子と推定される旨の条文（民法772条1項）があり、第三者から精子提供を受けて子どもを授かり遺伝的なつながりがない場合でも、父として戸籍に書かれてきました。しかしながら、性別の取扱い変更を行った場合には認められないのはおかしいでしょうということです。

　一審・二審では申立は認められませんでしたが、最高裁では認められ、法律上も父と子ということになりました。

　セクシュアル・マイノリティに関しては、まだまだ法制度自体が不十分であったり運用が不平等であったりします。法制度など公のものにも、人権侵害や不平等が残っています。

　個人の支援と社会的な支援は両輪です。法制度や運用そのものが変わらない限り、解決しない、あるいは解決が難しいことが少なくありませんので、法制度や運用を変えるなど社会的な支援にも目を向けていただければと思います。

性別の取扱い変更者に対するゴルフクラブ入会拒否に係る裁判

　特例法施行から8年を経た2012年のことです。性別の取扱いを女性へと変更した人がゴルフクラブに入会申請をしましたが、ゴルフクラブは入会申込みの撤回を申請者に申し入れました。申請者が撤回に応じなかったところ、ゴルフクラブは入会拒否を決定したので、損害賠償を求めて提訴した裁判です。ゴルフクラブは、既存会員に強い不安感や困惑が生じ、ゴルフクラブの運営に支障を来たすおそれがあると主張し、入会拒否を正当化しようとしました。

　2014年、第一審は被告に対し110万円の支払いを命じました。

ゴルフクラブ側は控訴しましたが、2015年、第二審も原告勝訴を維持しました。判決では、原告がゴルフ場その他の場所において女性用の施設を使用しても特段の混乱を生じておらず、ゴルフクラブ側が被ると主張する不利益は抽象的な危惧に過ぎない一方で、原告が被った精神的損害は重大なものであることなどが理由とされました。判決は、原告が、人格の根幹部分に関わる重大な精神的損害を被ったと認定しています。

　この裁判で明確になったのは、特例法により性別の取扱い変更を行った人については、更衣室や入浴施設を含め、男女別施設については変更後の性別で取り扱わないと敗訴リスクを負うということです。

4　性別の取扱い変更の現実と困りごとへの対応

状況は人それぞれ

　特例法を使って一気に困りごとは解決できると思われるかもしれません。しかし、性別の取扱い変更については、変更しない・できない場合が多いのが現実です。支援者としては相談対応のなかで、特例法があるのだから性別の取扱いを変更すればいい、といった短絡的なことはいうべきではありません。

　私が参加している熊本県で活動しているグループ「**くまにじ**」で2017年末から2018年初めにかけて実施した**アンケート調査**では、割り当てられた性別と性自認が異なる人65名のうち、特例法により性別の取扱いを変更している人はわずか6名（9％）に過ぎませんでした。

　変更しない・できない主な理由の一つは、経済的負担です。現在、性別適合手術には一応、健康保険の適用があります。しかし、性別適合手術を健康保険でできる医師は限定されており、非常に少ないのです。住んでいる地域の近くにそういう医師がいないことは珍しくありません。どこでも性別適合手術を受けられるわけではありませんし、ましてや健康保険を使えるわけではないのです。

　また、いきなり性別適合手術をすることはあまりなく、ホルモン治療が先行することが多いですが、性別の取扱いを変更する前のホ

くまにじ
　LGBTなどセクシュアル・マイノリティにも住みやすい熊本にするために活動するグループ。
　ホームページURL：https://kumaniji.jimdofree.com

くまにじアンケート
　熊本県在住または熊本県に住んだことがあるセクシュアル・マイノリティを対象に、グーグルフォームを使ってのオンライン調査。274名が回答。

ルモン治療には健康保険の適用がありません。保険が適用される治療と、自費の治療を併せて行う場合（混合診療）、すべてが自費になることになっています。ホルモン治療をしている方は多いので、この点でも、健康保険で性別適合手術を行うことは難しいのです。

　もう一つの主な理由は、肉体的な負担です。外科的な手術は、肉体的にかなりの負担になります。後で紹介する、勤務先でのトイレの使用に関する裁判の原告も、持病との関係で性別適合手術を受けておらず、性別の取扱い変更を行っていないとのことです。

　より重要なことは、ホルモン治療をする・しない（ある時期はしていたがいまはしていないことも）、手術をする・しない、名前についても通称を使用する・しない、名前を法律上も変更する・しないなど、望むこと、バランスの取り方は人それぞれ、考え方もさまざまです。時期によって異なることもあります。ホルモン治療→性別適合手術→性別の取扱い変更というルートをみんなが進むわけではありませんし、進むべきでもないのです。

　状況は人それぞれで、時期によっても変わってくることもあるということも踏まえて、支援を行っていただければと思います。

性同一性障害の国家公務員のトイレ使用に係る裁判

　特例法で性別の取扱いを変更していない方の男女別施設の利用を考える上で参考になる裁判例があります。

　女性として勤務する、性同一性障害との診断も受けた国家公務員が、勤務フロアから2階以上離れたフロアの女性用トイレを使用するよう女性用トイレの使用を制限され、かつ、上司から「もう男に戻ってはどうか」などといわれ、精神疾患で休職に追い込まれたこと等から、国家賠償を求める訴訟を起こしました。また、人事院へ「判定措置要求」を出していたのですが、退けられてしまったので、その取消しを求める請求も併せて訴えました。

　2019年、第一審は、国に対し132万円の賠償を命じ、さらにトイレ使用にあたり他の女性職員に本人が性同一性障害者であることを告知する必要がある等とした人事院の判定の取消しを認めました。

　第一審の判決は、「性別は〔…〕個人の人格的な生存と密接かつ不可分のもの」、「個人が自認する性別に即した社会生活を送ること

ができることは、重要な法的利益として国家賠償法上も保護される」と述べ、さらに、「生物学的な区別を前提として男女別施設を利用している職員に対して求められる具体的な配慮の必要性や方法も、一定又は不変のものと考えるのは相当ではなく、性同一性障害である職員に係る個々の具体的な事情や社会的な状況の変化等に応じて、変わり得る」とし、「当該性同一性障害である職員に係る個々の具体的な事情や社会的な状況の変化等を踏まえて、その当否の判断を行うことが必要」としました。

　具体的には、原告が社会生活上女性として認識される度合いが高いことなどの原告の事情（女性の身なりで勤務している原告が男性トイレを使う方がむしろ現実的なトラブルの発生原因になるとの指摘もあります）や、民間企業でのトイレの使用例や各府省庁の施策や学術団体や経済団体の提言等、国民の意識や社会の受け止め方の変化を挙げ、ていねいに結論を導いています。

　ところで、多目的トイレについて、第一審判決は、高齢者や障がい者を主たる利用者として想定しており、その方たちの利用の妨げになる可能性もあると述べています。男女別トイレを利用しづらくて、男女別ではない多目的トイレを利用したい方もいますので、多目的トイレが不要ということではありませんが、「トランスジェンダーは多目的トイレ」と安易に考えるべきではありません。

　2021年に出た控訴審判決では、逆転敗訴となり、上司の発言に対する賠償を除き請求は認められませんでした。一審と違って、判決の理由はかなりざっくりとしたものであったようで残念です。原告は、最高裁に上告するとのことです。なお、原告には女性用トイレの使用自体は認められており、近い階の女性用トイレは使えないという制限が問題になっているものです。控訴審判決も、「性別取扱変更未了だと女性用トイレを使用できないと判断した判決」ではありません。そのように判決をいうのは誤りです。

　まだあまり知られていないかもしれませんが、職場については、2019年、いわゆる「パワーハラスメント防止法」（改正労働施策総合推進法）が成立し、附帯決議で「職場におけるあらゆる差別をなくすため、性的指向・性自認に関するハラスメント及び、性的指向・性自認の望まぬ暴露であるいわゆるアウティングも対象になり得る

こと、そのためアウティングを念頭においたプライバシー保護を講ずること」が明記されました。これに伴い「パワーハラスメント防止対策指針」が出され、**職場におけるパワーハラスメント防止のために講ずべき措置**として大きく4つの項目が挙げられています。

　職場の環境改善を行っていく上で、この指針をぜひ使ってもらえればと思います。これらの防止措置の義務化は、中小企業においても、2022年4月から始まります（それまでは努力義務）。

5　同性間パートナーシップに関する法的課題

世界の状況、日本の状況

　世界的には、2001年にオランダで同性同士の婚姻が可能になって以来、婚姻を認める国や地域が年々増え、アジアでも2019年5月に台湾で可能になりました。先進7カ国（G7）ではカナダ、スペイン、フランス、イギリス、アメリカ、ドイツで同性婚が認められ、イタリアでは婚姻とは別の制度で婚姻に準じた権利を保障しており、何の法的保障もないのはG7のなかでは日本だけです。このように、世界的には、同性婚を認める国や地域がある一方で、同性間の性行為などに刑罰を課し、迫害している国や地域もあることも事実です。死刑がある国もあります。

　日本では、同性愛は犯罪ではありません。しかし、日本では同性同士での結婚は認められていません。憲法が同性婚を禁止しているからではなく、民法上認められないためです。憲法と同性婚ということでは、**憲法第24条1項**との関係が問題にされることがあります。しかし、憲法24条1項は、戦前、戸主の同意がなければ結婚ができないなど、家制度の下、個人、特に女性が犠牲になってきたことから、当事者の合意だけで結婚できるとしたもので、「両性」という文言には男女に婚姻を限定する意味はなく、同性婚を禁止するものではないと考えられます。

　実は、国も、裁判でも、国会でも、憲法は同性婚を想定していないとはいいますが、禁止しているとはいいません。「禁止なのか、そうでないのか」と問われても、「禁止」だとは絶対にいいません。

職場におけるパワーハラスメントを防止するために講ずべき措置
①職場におけるパワハラの内容やパワハラを行ってはならない旨の方針の明確化と周知・啓発
②相談窓口の設置及び周知並びに適切に相談対応できるようにすること
③パワハラに係る事後の迅速かつ適切な対応（事実関係の確認、被害者への配慮措置の適正実施、行為者への措置の適正実施、再発防止措置）
④相談者・行為者等のプライバシー保護措置とその周知、相談等による不利益取扱いの禁止を定め、周知・啓発すること

憲法24条1項
　婚姻は、両性の合意のみに基いて成立し、夫婦が同等の権利を有することを基本として、相互の協力により、維持されなければならない。

国も、憲法が同性婚を禁止しているという解釈はとっていないのです。同性婚を可能にするためには憲法改正までは必要ではなく、民法など関係する法律を改正するだけで可能です。

　2021年10月現在、日本では、同性婚を認めないのは憲法に違反しているとして全国5カ所で6つの訴訟（結婚の自由をすべての人に訴訟）が行われています。2021年3月には、札幌地裁が、同性婚を認めていない現在の民法や戸籍法は憲法14条1項が定める法の下の平等に反するとの判決を出しました。しかし、法改正に向けた具体的動きを政府が示さないため、原告らは控訴し、たたかいは高裁で続いています。国家が行っている制度的な差別が是正されるよう注目いただければと思います。

婚姻を代替する制度

　同性間の婚姻が認められないのであれば、現実問題として婚姻を代替する制度を活用したり、何か別の手段を使ったりしようという話も出てきます。その一つは「養子縁組」です。縁組ができれば親子ということで、法的に家族になることができますが、有効な養子縁組の意思があるのかが問題になる可能性があります（ただ、養子縁組の意思はかなり広く考えられていますので、縁組意思が無効と判断される可能性は高くないと思います。もっとも、縁組を気に入らないと思った親族が縁組意思を問題にする可能性がある点ではやっかいです）。

　もう一つは、「事実上婚姻関係と同様の事情にある者としての保護」です。いわゆる事実婚（内縁）状態にある男女の保護を同性間にも適用できないかということです。事実婚の男女の場合、法的保護がほとんどないのではと思われるかもしれませんが、法律や裁判あるいは解釈によって婚姻届を出している夫婦のように救済・保護が結構認められています。例えば、遺族年金、DV防止法の保護命令などは事実婚の男女でも婚姻関係にある男女同様、法律上保護されますし、離婚に伴う財産分与、不貞行為に基づく慰謝料請求などは明文化されていませんが、解釈上認められています。これらが同性間でも認められるのでしょうか。いくつか例を挙げます。

　同性カップルの片方が不貞行為をしたということで、もう一方が慰謝料の請求をしたところ、慰謝料請求が認められ、控訴、上告さ

れましたが、最高裁でも覆らず、確定しました。

　一方、認められていないものもあります。犯罪被害者遺族給付金は事実婚の男女間でも受け取れると明文で定められています。しかし、同性パートナーを殺された人が申請したところ不支給という判断が出て、裁判を起こしました。名古屋地裁は、2020年、同性パートナーはそもそも支給対象外として請求自体を棄却する判決を出し、原告は控訴中です。

　支援者にとって関係の深いDV防止法の保護命令については、同性間でも認められたことがありますが、2013年のDV防止法改正にさいし出された論文では、否定的な解釈が示されており、同性間で保護命令を出してもらえるか否か、不透明な状態になっています。

　これらの例からわかることは、事実婚の男女であれば保護されるケースも、同性間の場合は一つずつたたかって、手に入るかどうか確かめていかないといけないし、認められないこともあるという現状です。

渋谷区、世田谷区など地方自治体の同性パートナーシップ制度

　2015年11月、渋谷区と世田谷区でほぼ同時に同性パートナーシップ制度がスタートしました。現在は茨城県、群馬県、大阪府のように府県単位で始めたところもあり、また、宮崎県の木城町という人口5000人ほどの町で導入した例もあり、さまざまな規模の自治体で導入されています。2021年4月段階で、人口カバー率は日本の総人口の3分の1を超えています。

　同性パートナーシップ制度により婚姻ができる、婚姻と同じと誤解されることがありますが、婚姻とはまったく別物です。公営住宅の入居要件を広げる効果は自治体によってはありますが、その程度で、法的効果はほかに特にありません。しかし、別の意味で大きな効果があります。自治体が同性カップルのパートナーシップを正式に認めることは、市民への大きな啓発となり、同性カップルにとっては自分たちの存在が認められていると力づけられる効果も大きいのです。制度利用者のなかには、「世田谷区で他自治体に先駆けてこの制度が始まるということで他市から転入した」と述べている人もいます。自治体にとってはこの制度の導入は低コストでアピール

力が強く、性的指向・性自認に関する諸施策を初め、地域社会のダイバーシティを推進する上で大きな力になります。家族割引などの民間サービスを制度利用者が受けやすくなるメリットもあります。未導入の自治体では、ぜひ導入を考えていただきたいです。

自衛手段としての契約や遺言等

もう一つ、同性カップルの自衛手段としてパートナーシップ契約や遺言をつくっておく方法があります。死後、財産を同性パートナーに受け継がせたい場合は、遺言が効力をもちます。遺言がなければ同性パートナーに受け継ぐことができません。作成にあたっては形式がとても重要になり、間違った形式でつくってしまうと無効になってしまうので、専門家に相談した方が安心です。ほかにも生前贈与や信託などが考えられます。

医療に関して同性カップルが直面する困難な場面は、主に、①病状の説明、②家族以外面会謝絶、③医療行為の同意、です。成人の医療に関しては、家族でなければダメという法律はありません。例えば、病状の説明では、厚生労働省のガイドラインでも、「本人の家族等であることを確認した上で、治療等を行うにあたり情報提供を行うとともに、情報の取得を行う」と「家族」に限定せずに**「家族等」**と記述されています。

重要なことは、法律上は家族でなくても、実際には家族と同様の存在であること、病状の説明や面会、同意をパートナーに認める意思があることを、第三者が信頼しやすい形で明らかにしておくことです。これをすれば絶対大丈夫ということがないのは困ったものですが、家族ではないから、結婚ができないから絶対無理ということではないので、どうしてこんな面倒なことをということはありますが、無理だとは諦めず、自衛手段をとってもらえたらと思います。

「家族等」の記述
　厚生労働省「医療・介護関係事業者における個人情報の適切な取扱いのためのガイダンス」2020年改正。厚生労働省「人生の最終段階における医療・ケアの決定プロセスに関するガイドライン」2018年改訂など。

6　法律の専門家につなぐには

弁護士など法律の専門家への依頼は敷居が高いと思われがちですが、あくまでも依頼する側が選んでいいというのが大前提です。先

に述べましたが、セクシュアル・マイノリティに関しては特例法以外に特別な法律があるわけではないですし、特にセクシュアル・マイノリティの問題に強い弁護士である必要は必ずしもありません。

しかし、いろいろ説明するのが大変だし、わかっている人の方が安心ということはあると思います。探し方としては、インターネットで検索してみたり、また、弁護士会でセクシュアル・マイノリティ専門の電話法律相談を行っているところもありますので、そこでまず相談することもあり得ます。

弁護士を依頼する場合は、まずは相談から始めます。相談者も、話してから頼む、頼まないということになると思いますし、弁護士も、話を聞いてから引き受ける、あるいは引き受けないという流れになります。相談したら必ず依頼しなくてはいけないわけではありません。相性もあるので、合わないと思ったら別の弁護士にあたってみることも可能ですし、むしろそうした方がいいと思います。

一生、医者にかからない人はなかなかいないと思いますが、一生、弁護士に相談をしない人は珍しくないと思います。弁護士に相談に行くのは、まだまだハードルが高いことが多いと思います。支援者の方には、特に初回は、ご本人が希望されれば同行したり、事実関係をご本人が整理して伝えるのが難しい場合には、整理して相談に持って行けるようにしていただければと思います。

ワークショップ

アウティングに関して、異性愛者ではない人にとっての性的指向と、トランスジェンダーにとっての性自認は同じでしょうか。

例えば、法律上の性別を男性から女性へ変更して、女性として社会生活を送っている人がアウティングされたくないことは何だと思いますか。

また、性自認そのものをアウティングされたくないというのはどんな場合なのでしょうか、など考えてみましょう。

割り当てられた性別は女性で、性自認が男性という人が、好きになるのは女性である場合、この人はレズビアンでしょうか。

そもそもこの問い自体が失礼で、他人の性的指向を勝手に決めるなというのが大前提です。

ただ、この方をレズビアンだと決めつけるのは、レズビアンは女性を好きになる女性ですから、この方の性自認を尊重していないということにはなると思います。

なお、この方が性別の取扱いの変更をしていない場合に、法律上の性別が女性同士ということになれば、法律上は結婚ができません。「同性婚」といわれることがありますが、そのなかには、法律上の性別が同性なだけで、必ずしも自分たちの関係を同性だと思っていない人たちのことも含まれます。

Lecture 8

公的制度の積極活用
暮らしの困難を支える

鈴木純子　男女共同参画センター等研修講師

1 暮らしの困難を支える公的制度

　私たちは誰でも、セクシュアル・マイノリティの方も、大なり小なり困難を抱えながら生きていますが、公的制度を必要に応じて適切に使うことで、生活上の困難に対処したり乗り越えられたりすることがあります。しかし、公的制度の内容や申請の手順等が知られていないために、「制度って結局は使えないんだ…」と諦めている人も少なくありません。公的制度を利用することは、私たち市民の大事な権利です。制度を上手に使う知識と知恵をぜひ手に入れていただきたいと思います。

　図表1は、暮らしの困難と公的制度を示したものです。暮らしの困難を、①生活、②医療／障害、③住居、④安全確保、そして子どもがいる家庭については⑤子どもの5つに分類し、それぞれの困難に直面した人を支援するための公的制度を示しています。この5つの困難はバラバラに存在しているわけではなく、相互に関連し合っています。

　では、こうした公的制度を利用したいときは、どこに行けばよいでしょうか。主な実施機関・団体を示し

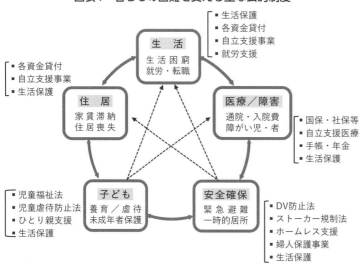

図表1　暮らしの困難を支える主な公的制度

94

図表2　支援の主な実施機関／団体等

地方自治体・福祉事務所等	相談／申請／援護 登録／認可／交付

社会福祉協議会	生活困窮者自立支援センター	法テラス弁護士会	配偶者暴力相談支援センター	被害者支援センター
男女共同参画センター	児童相談所	ハローワーク	医療機関	民間相談機関・シェルター	公営住宅

たものが、**図表2**です。

　基本的な法制度は国が定めていますが、実際に市民に支援を提供するのは都道府県や市区町村といった地方自治体です。各種制度を利用するための相談・申請・援護・登録・認可等は、地方自治体が担っており、特に暮らしに困ったときの援護業務は各地方自治体に設置されている福祉事務所が担っていますので、当事者も支援者も**福祉事務所**に行くことが必要となります。さらに、より個別の問題の相談に乗り、支援・解決するために設けられているのが、図表2の点線の下に示した諸機関です。公的機関も民間機関もあります。

2 各制度の概要

　ここからは、支援者のみなさんに知っておいていただきたい主な支援制度の概要を説明します。現在日本には生活保護法、生活困窮者自立支援法、障害者総合支援法、ホームレス自立支援法、DV防止法（配偶者からの暴力の防止及び被害者の保護等に関する法律）などの法律に基づく各種の支援制度がありますが、それらほとんどの法制度は性中立的につくられています。しかし、母子及び父子並びに寡婦福祉法など対象者の性別区分があるものもありますし、ホームレス自立支援法やDV防止法のように法律の条文は性中立的でも、制度を実際に運用するときには、利用者のほとんどが男性だったり、逆に女性であったりするということもあります。

生活保護

　一般に生活保護は「最後のセーフティーネット」といわれています。しかし、私は必ずしもそうではないと考えます。生活保護は、

福祉事務所
　社会福祉法に規定されている「福祉に関する事務所」をいい、地域住民の福祉を担当する行政機関。都道府県及び市（特別区を含む）は設置が義務づけられており、町村は任意で設置することができる。都道府県は生活保護法、児童福祉法、母子・寡婦福祉法に定める援護・育成又は更生の措置に関する事務を所管し、市区町村はこれらに加えて老人福祉法、身体・知的障害者福祉法に係る案件も所管する。

深刻な暮らしの困難に直面した人がいれば、その人がなんとか生きていかれるように支えるための制度です。無理な借金を重ねたり、望まない人間関係に頼ったりした末に生活保護にたどり着くのではなく、この日本で普通に生きていくために使える制度なのです。最後のセーフティーネットではなく、状況によっては最初に利用を検討してもよい制度だと思います。

　生活保護法はその**第1条**で、最低限度の生活の保障と自立の助長を目的とすること、**第3条**で最低限度の生活とは健康で文化的な生活水準を維持することと謳っています。

　第2条では「無差別平等の原理」が掲げられています。これは、「要件」を満たす限り、性別・身分・困窮の原因を問わず、平等に生活保護を利用できることを意味しています。その要件とは、自己の能力や資産を活用してもなお「国が定める保護基準以下の困窮状態」にあるということだけです。生活保護に優先して、「扶養義務者の援助」や「他法の活用」が行われるべきと定められてはいますが、これらは保護の要件ではありません。保護を必要とする人に不利益や危害が及びそうな場合には扶養照会を控えることも、他法の活用を待たずに保護を行うことも可能です。

　図表3は、生活保護利用の対象になるかどうかを図示したものです。国の定める最低生活費基準額より、預貯金を含む手持ちの金額が少なければ、生活保護の利用対象になります。そして手当や年金、就労等による収入が多くなったら、生活保護の利用を卒業してください、ということになります。働いて得た収入があればその分はすべて生活保護費から削られるというわけではありません。勤労収入がある場合は、収入に応じて勤労控除があります。例えば、単身世

図表3　生活保護の利用の要否

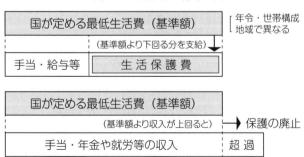

帯で10万円の収入があれば、
2万3600円が控除されます
ので、保護基準額にこの金額
が加わり、消費できる金額は
増えることになります。

　図表4は、国が定める最低
生活費の体系を示したもので
す。この図にある「扶助」と
は、税金を原資として行われ
る経済的援助のことです。医
療・介護扶助を除き、原則と
して現金給付です。生活保護
は「健康で文化的な最低限度
の生活」が営めるよう総合的
に支援するための制度なので、
本人の状況によって扶助や加
算の内容が決まってきます。

　最低生活費（基準額）は、世
帯構成、年齢、そして地域に
よって異なる「生活扶助」に、
必要であれば「住宅扶助」や
「医療扶助」、さらに各種の

図表4　最低生活費の体系

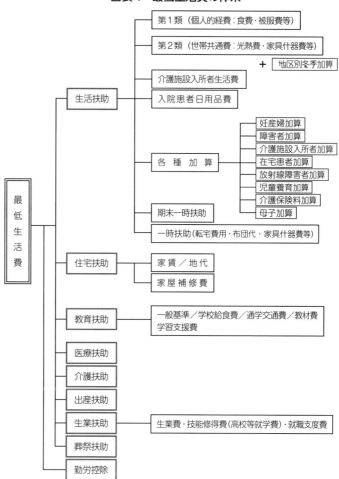

厚生労働省「生活保護基準の概要」に加筆

「加算」を加えて算出されます。地域は、物価水準等によって全国
の市区町村が6区分（3級地6区分）に分類されています。各地域の
基準額の金額について、基準額表を掲載している福祉事務所もあり
ますし、民間支援団体がわかりやすく説明しているところもありま
す。インターネットで調べることもできます。

　生活保護法には細則が山のようにありますが、**申請のシステム**自
体は税金の申告や母子支援等の申告に比べると非常にシンプルです。
難しく考えられがちですし、あれこれ聞かれるのを不安に思う方も
いるでしょうが、基本的には保護の要件を満たしているか否かです。
その人が過去にどのような人生を送ってきたのかは関係ありません。
借金があると**生活保護**は利用できないと思っている人が多いのです

生活保護の申請のシステム

　生活保護が申請され
ると、福祉事務所は生
活状況や資産等の調査
を行い、その人に保護
が必要か否かや、保護
の程度・種類を決定し
て、原則14日以内（最
長でも30日以内）に
その結果を申請者に通
知することと定められ
ている。決定に不服が
あるときは、不服審査
請求を行うことができ
る。

借金と生活保護
　ただし、保護費からの借金返済は不可。保護費から借金を返済すると、最低限度の生活が営めなくなるため。

生活保護の申請は国民の権利です
　厚生労働省「生活を支えるための支援のご案内」には次のように記述されている。「生活保護は最低生活の保障と自立の助長を図ることを目的として、その困窮の程度に応じ、必要な保護を行う制度です。また、生活保護の申請は国民の権利です。生活保護を必要とする可能性はどなたにもあるものですので、ためらわずに自治体までご相談ください。」（下線筆者）。

就労支援事業
　生活困窮者自立支援法に定める就労支援事業は、いわゆる「中間的就労」の訓練を行う事業者を都道府県知事等が認定する事業。

ホームレス自立支援法
　2002年に成立したホームレスの自立等に関する総合的な施策を定めた法律。正式名称「ホームレスの自立等に関する特別措置法」。当初15年間の時限法であったが、2017年に10年間延長されることになった。

が、それも誤りです。生活保護を利用すると働けなくなるというのも誤解で、むしろできる範囲で就労することを奨励されます。

　生活保護の申請は、現在居住している地域の福祉事務所で行います。決まった住居がなくても、いまいる場所を管轄する福祉事務所に申請できます。これを現在地保護といいます。

　先述したように、生活保護は「健康で文化的な最低限度の生活」を総合的に支援する制度なので、暮らしの全般が困難に陥っているのであれば、生活保護の利用を最初に考えるのは合理的なことです。無理な借金をして、それを返せなくてまた借金を重ねる。こんな生活で頑張る必要はありません。支援している人の暮らしが、生活保護を利用した方が向上・安定すると考えられる場合は、ぜひ利用を勧めてください。厚生労働省も「**生活保護の申請は国民の権利です**」と記述しています。

生活困窮者自立支援制度

　生活困窮者自立支援法による支援制度は、生活保護を申請する前の「第2のセーフティーネット」といわれています。福祉事務所を設置している自治体は、2015年に成立した生活困窮者自立支援法に基づき、a. 自立相談支援事業、b. 住居確保給付金の支給を必須事業として実施し、加えてc. 就労準備支援事業、d. 一時生活支援事業、e. 家計相談支援事業、f. 子どもへの学習支援事業、g. **就労支援事業**を任意事業として実施するよう定められています。

　特に2015年の施行時から注目されているのが、b. 住居確保給付金です。家計が苦しくなり住居を失いそうなとき、生活保護基準の住居費が3カ月間支給されます。貸付ではなく給付という点がポイントです。家計が好転しない場合には、2回延長が可能で、最長9カ月間（条件によっては12カ月間）受給できます。生活保護と大きく違うのは、預貯金が認められている点です。収入・預貯金の限度額はありますが、預貯金ゼロでないと受給できないということはありません。この給付金もうまく使っていただきたい制度です。

ホームレス支援制度

　ホームレス自立支援法に基づく、安定した住居を失った人を一時

保護し、自立を支援するための制度です。福祉事務所に相談すると、自立支援センターや民間の宿泊所等への入所を案内されます。法律自体は性中立的ですが、実際には男性を対象に実施されており、施設は相部屋が多く、セクシュアル・マイノリティにとっては厳しい環境です。そんなときは、生活保護でのアパート入居を相談してみましょう。

生活福祉資金貸付制度

　低所得者や高齢者、障がい者、休業や失業で生活資金に困っている人向けの貸付制度もあります。この貸付制度は都道府県の社会福祉協議会が主体となり、市区町村の社会福祉協議会を窓口として実施されています。貸付限度額や貸付条件などは個々に定められていますので、社会福祉協議会に問い合わせてください。これは給付でなく貸付ですから、返す必要があり、基本的には保証人が必要という問題もありますが、最近はかなり使いやすくなりました。条件をよく確かめた上で利用を検討してほしいと思います。また、2020年度からは新型コロナウイルス感染症拡大を受けて、生活福祉資金の特別貸付も始まりました。

障害者支援制度

　2012年、従来の障害者自立支援法が「障害者の日常生活及び社会生活を総合的に支援するための法律」（障害者総合支援法）に改正されました。この法律の対象者は、身体障害、知的障害、精神障害に加え、障害者自立支援法が対象にしてこなかった発達障害をもつ成人と児童、さらに難病の患者が含まれることになりました。

　障害者支援制度には、障害者手帳を取得することで利用できる支援のほか、障害年金、自立支援医療制度などがあります。障害者手帳は、身体障害者手帳、精神障害者保健福祉手帳、療育手帳の3種を総称した名称です。障害者手帳を取得することに抵抗感をもつ方もいますので、無理に取得を勧めるわけにはいきませんが、取得すると障害者総合支援法の対象となり、暮らしのなかで受けられる支援が増えます。医療費や就労、生活などへの支援を利用するための証明書にもなる等のメリットがあります。

障害年金には、国民年金加入者を対象にした障害基礎年金と、厚生年金・共済年金加入者を対象にした障害厚生年金・障害共済年金があります。いずれも病気やケガ等で生活や仕事が制限されるようになったときに受給できます。ただし、基本的には加入していることが前提のため、**年金未加入の場合**は受給できませんし、加入していても加入期間や支払い状況等が支給額に影響します。障害基礎年金1級は月額約8万1000円、2級は月額約6万5000円で、障害厚生年金の場合にはこれに加算があります。年金加入は支援制度を使うときに重要だということも覚えておいてください。

　自立支援医療制度は、障害者手帳を持つ人を対象に心身の障害を除去・軽減するための医療について、医療費の自己負担額を軽減する公費負担医療制度です。

暴力防止のための各種制度

　DV防止法が支援の対象とするのは、2001年の法律成立当初は婚姻している男女を基本としていましたが、改正のたびに対象が少しずつ広がり、最新の改正では「生活の本拠を共にしている関係」における暴力被害も支援の対象と認められるようになりました。これは被害者からの相談に乗り、暴力からのさらなる被害を防止するために必要な保護を行い、安全安心な暮らしの取り戻しを支援する法律です。この法律によって加害者に接近禁止や退去の命令を出すよう、被害者が各裁判所に申し立てることができるようになりましたし、都道府県の配偶者暴力相談支援センターや民間のシェルター等一時保護施設への入所も可能になりました。

　DV防止法は、女性への暴力の根絶を目指してつくられたため、前文は女性を意識していますが、法律の条文自体は性中立的です。しかし、配偶者暴力相談支援センターなどDV被害者のためのシェルターに一時保護されるのは実際には女性です。被害女性が同伴する中学生以上の男児でさえ、入所できないところがほとんどです。そこで近年課題になっているのは、女性以外の被害者の場合です。部屋は基本的に個室ですが、相部屋の場合もあります。セクシュアル・マイノリティからの被害相談もあり、女性以外の利用について検討は進んでいるようですが、検討プロセスが公表されていないの

年金未加入の場合
　ただし、20歳前の年金未加入の場合はこの限りではない。

で、現時点での詳細は不明です。

　ストーカー規制法（ストーカー行為等の規制等に関する法律）は、つきまといや電話・メール・SNSによる誹謗中傷等を禁止し、危害を防止することを目的に2000年に成立しました。この法律も前文は女性を意識してつくられていますが、法律の条文は性中立的です。男性の被害者やトランスジェンダーの被害者も支援の対象になります。ストーカー規制法で同性からのストーカー被害を受けている男性を保護した事例も数件あります。

3　セクシュアル・マイノリティへの対応と改善

　ここまで国が策定した法制度による支援策を見てきましたが、次に、セクシュアル・マイノリティの方たちへの対応について、改善されてきた点を中心にさまざまな取り組みを見ていきます。自治体は法律をつくるところではありませんが、条例などを制定し、裁量の範囲内でセクシュアル・マイノリティに関してもさまざまな取り組みを始めています。

　自治体での独自の支援制度としてまず、世田谷区などの同性パートナーシップ支援制度があげられます。ここではさまざまな発行書類・申請書等での性別記載の見直しや削除が進んでいる例をあげます。

性別記載の見直し、通称記載

　住民票記載事項証明書や印鑑登録証明書等における性別記載がセクシュアル・マイノリティに配慮して数年前から改善されてきました。本人の請求により**性別記載のない住民票記載事項証明書や印鑑登録証明書の発行**が可能になりました。国民健康保険の被保険者証についても、**被保険者証の表面の性別記載欄に性別を記載せず、通称記載も可能**としました。しかし、この対応にはまだ問題があります。表面の欄外や裏面には戸籍上の性別・氏名の記載を必須としているのです。

　生活保護では福祉事務所が発行する**医療券**を持参して、自己負担

住民票記載事項証明書
　住民票にある項目のうち、申請者が必要とする事項のみを記載した書類。

性別記載のない住民票記載事項証明書や印鑑登録証明書の発行
　「住民票の写し等の交付に係る質疑応答について」及び「印鑑登録証明事務に係る質疑応答について」総務省自治行政局住民制度課長通知（2016年）。

国民健康保険被保険者証の表面の性別記載欄に性別を記載せず、通称記載も可能
　「被保険者証の氏名表記について〔健康保険法〕」厚生労働省保険局保険課長等通知（2017年）。

生活保護の医療券の性別の欄に戸籍上の性別を記載しなくてもよい
「生活保護法による医療券等の記載要領について」厚生省社会・援護局保護課長通知（1999年）。

なしで医療機関にかかることができます。その医療券にも本人が望めば性別の欄に戸籍上の性別を記載しなくてもよくなりましたが、これも国民健康保険の被保険者証と同様、欄外や裏面に戸籍上の性別を記載することが求められています。これには支援団体などからもっと抜本的な施策の変更が必要との要望書等が出されています。

同性同士の世帯認定など

あまり知られていないのは、住民登録です。同性同士でも同一世帯として住民登録をすることは可能です。さらに生活保護の世帯認定は、同一の部屋に居住して生計を一にしているなら同性同士でも可能です。例えば、AさんとBさんがいっしょに暮らしていて、生活が苦しくなったので、生活保護を申請するとします。婚姻した夫婦ではなくても、事実婚の男女のカップルでなくても、申請は可能です。2人が同じ部屋に住み、生計を一にして生活していることがはっきり伝われば、同性同士でも問題にされることはありません。

そのほかにも自治体レベルでさまざまな取り組みが行われています。公立の教育機関における学生証の通称使用、選挙での投票場入場券の性別記載の廃止、同性カップルでの里親認定（特別養子縁組は不可）、同性カップルの公営住宅への入居申し込み、同性パートナーの入院時の面会・手術の同意などです。職員向けに指針や対応マニュアルを作成する自治体も出てきました。同性パートナーシップ支援制度を導入している世田谷区では2020年6月、国民健康保険の特別措置として新型コロナウイルスで被保険者が死亡した場合、遺族に支給される傷病手当金を同性パートナーにも出すことにしました。このように、各自治体での取り組みによって、制度は少しずつ変わり始めています。

4 制度利用にあたって

制度利用は申請主義

最後に、さまざまな制度を利用するときに知っておいてほしいこと、気をつけてほしいことを取り上げます。まず、日本では制度利

用はすべて申請主義です。窓口でどんなに自分の苦境を訴えたとしても、申請を出さなければ実際の支援は始まりません。例外として、生活保護の急迫保護がありますが、これは放っておいたら命にかかわるような場合の例外的な規定で、基本的にはすべて申請主義です。ですから、生活保護がどうしても必要なら相談だけで終わらせずに、必ず保護の申請書を出さなければなりません。

無理・無駄と諦めず、繰り返し質問＆相談

　自治体では多くの制度がタテ割りで、窓口もバラバラに配置されているように見えるため、いざ申請を行おうとすると複雑で面倒に感じられるでしょう。申請の窓口がよくわからなかったり、窓口が違っていたりした場合に、ていねいに案内してくれる職員がいればいいのですが、そんな時ばかりではありません。窓口での対応に傷ついたり、みじめな思いを抱き、諦めてしまう人もいるかもしれません。でも、そこで諦めてしまうとこの申請主義の下では制度利用にたどりつかないので、粘り強く納得のいくまで繰り返し質問し、相談することが大切です。制度利用はこの社会で生きている私たちみんなの権利です。何回も繰り返して聞いてみましょう。もし嫌がられたらその職員が間違っています。

法律や通知通達、条例を知って、活用

　自治体によって、制度利用の際の運用が異なることがあります。ですから法律や関係省庁からの通知通達、居住している自治体等の条例を知っておくことも力になります。窓口でもし納得のいかないことをいわれたときに、「国からこんな通知が出ていますよ」と法律や通知通達、条例などを示して説明できるからです。通知通達は法律とは違いますが、自治体は通常は従うものですので、「この通知と違うやり方をこの自治体はしているのですか」と交渉できるわけです。本来、個々の市民がそこまで行う必要はないのですが、話が膠着した場合に知っておくと有効です。

　各種の申請を担う市町村など基礎自治体の窓口の対応が、調べた情報やほかの自治体での対応と違うという場合は、都道府県の所管に問い合わせたり、さらに厚生労働省に電話で確かめることもでき

ます。疑問や対応に困ったときは、自治体の担当者も行っていることです。市民ももちろん、行っていいのです。

健康保険と年金加入は大切

日本では国民皆保険が前提となっており、国民の全員が何らかの公的医療保険に入っていることになっています。これに加え、障害年金のところでもお伝えしましたが、多くの支援制度は、各健康保険・国民年金または厚生年金等に加入していることを前提に設計されています。例えば医療を受けるとき、窓口で3割負担が1割になったり、精神障害保健福祉手帳を持っている人が精神科を受診すると、ほとんど無料になる制度もありますが、公的医療保険に加入していることが前提になります。

公的医療保険や年金に入っていなかった、入る余裕がなかったという人もいると思います。だからといって、「健康で安全な最低限度の生活」を諦めることはありません。現状が保護基準以下の暮らしで保護の要件を充たしているなら、生活保護の利用を考えましょう。

当事者をひとりにしない

制度を利用する当事者の気持ちがくじけそうになっていたら、誰か信頼できる友だちや知人、あるいは知り合いの自治体職員といっしょに窓口へ行くことを提案してみてください。生活保護の申請の際に担当窓口で思わしい対応が得られない場合なら、民間の支援団体のスタッフや弁護士など、生活困窮支援に関わっている人といっしょに行くのも有効でしょう。暴力被害があっても一時保護にたどりつかない場合には、人権や男女共同参画の担当者にいっしょに交渉してもらってもよいかもしれません。健全なプレッシャーになります。こんなことをする必要のない役所や職員を私はたくさん知っていますが、そうではない役所や職員もありますので、適切な支援が受けられるように、周囲の人的資源の活用を考えてみてください。

本人も支援者もひとりで頑張る必要はありません。ひとりじゃなかったからなんとか進んだ、という例は、たくさんあります。特に

国民健康保険料の減免・猶予、年金保険料の免除・納付猶予
国民健康保険料の納付が困難な場合に、申請して保険料が軽減または徴収猶予される制度がある。国民年金保険料についても同様に、保険料の納付猶予、一部または全額免除される制度がある。

支援する方たちは、当事者をひとりぼっちにしないよう、必要な情報を提供していただきたいと思います。

相談・交渉の過程も大事

　支援者にもう一つお伝えしたいのは、一度でうまく制度利用につながらなかった場合、そのときの結果だけではなくプロセスも大事と考えてほしいということです。

　相談・交渉をする過程で窓口の担当者に与えるさまざまな気づきはとても大事で、後にそれが活きてくることがあるのです。大げんかして対話を終わらせたり諦めてしまうのではなく、粘って、そのプロセスを大事にして、お互いの実りにしてもらいたいと思います。

　特にこのセクシュアル・マイノリティの問題は、社会的に顕在化したのが近年のことなので、福祉事務所の側も慣れていません。当事者と支援者がその困難や辛さを粘り強く伝えて行政を育てるしかない、育ってくれないと困るのです。法律自体が根幹から変わるまでには時間がかかるので、まずは交渉のなかで気づいてもらう、悩んでもらう。真っ当に悩んでくれる職員なら、対応に変化が生じます。それが大事なことだと思います。

> **参考資料**
> ・第一法規『生活保護のてびき』
> ・中央法規『生活保護手帳』『生活保護手帳　別冊問答集』

Q&A

Q　セクシュアル・マイノリティの方が一時保護施設を利用するさい、性別が問題になることはありますか。

A　多様なジェンダーアイデンティティの方の利用はこれまで想定されてきませんでした。現状ではMTFの方は女性専用施設に入れないでしょう。ホームレス自立支援センターなどは多くの場合、男性向け施設として位置づけられ、ほとんどが相部屋で厳しい住環境といえます。安全な個室と住環境の整備が進めば、性別区分が必要になるのは、いまよりずっと限定的になり得ます。

Q　新型コロナウイルス感染症拡大で支援制度に変化はありましたか。

A　自立支援金の支給や緊急小口資金や総合支援資金の融資なども行われています。また、例えば、健康保険料、年金、住民税などの支払いの猶予や、電気・ガス・水道など基本的なインフラを担う光熱水費、NHKの受信料も猶予対象になっています。それぞれ条件が設けられており、自治体によっても支援内容が違うことがありますので、対象になるかどうか、ぜひ積極的に情報収集をしてください。

コロナ禍での生活困窮者支援
性的マイノリティへの支援を具体化する

稲葉　剛　一般社団法人つくろい東京ファンド代表理事

1　まずは住宅の確保から　ハウジングファースト型の支援

　私は1990年代半ばから新宿の路上生活者の相談支援に取り組んでいます。2014年、都内のさまざまな生活困窮者支援の団体が集まって「つくろい東京ファンド」を設立しました。目指しているのは「ハウジングファースト」、つまり、住まいを失った方に、プライバシーが保たれた住宅を確保することです。具体的には、都内の空き家や空き室を借り上げて個室シェルターとして整備し、路上生活者、ネットカフェ生活者の方たちに提供しています。2020年3月のコロナ禍が深刻化する以前までに、東京都内25部屋を借り上げ、利用していただいていました。

　「ハウジングファースト」というのは、1990年代にアメリカで始まったホームレス支援の手法です（**図表1**）。それまではホームレス支援のあり方は、ステップアップ型でした。まずは施設に入っていただき、そこで支援者・行政側がひとり暮らしできるかを判定して、許可された方だけがアパートに行く。しかし、欧米でも日本で

図表1　ハウジングファーストとは

これまでの支援のあり方　　　　ハウジングファースト

支援、行政が「家に住むこと」についてその可否を「判定」し「許可」し、「決定」する

＞住まいは人権である
＞家は無条件で提供する
＞本人が「決定」する
＞支援者は生活の支援を提供する

https://www.mdm.or.jp/project/103/ より作成

も、施設のなかにはいわゆる「貧困ビジネス」といわれる劣悪な施設も多数含まれており、都内にも12人部屋などの相部屋施設が多数あります。そういうなかで、うまく集団生活になじめない方、病気や障害をもっている方、セクシュアル・マイノリティの方たちがいじめられたり、ひどいときはお金をたかられたりして、路上に戻ってしまうことが問題になってきました。その結果、最終的にアパートにたどりつけるのは1〜2割ということもわかってきました。

　ハウジングファースト型の支援では、最初から住まいを提供して、そこでの生活を医療・福祉関係者、ピアサポーターがチームを組んで支えます。すると、8〜9割の方が地域での生活を継続していけます。結果的に医療費を含め社会的コストが安く済むことも理解され、世界各国に広まっていきました。

2　LGBTの生活困窮者福祉制度利用のハードル

　セクシュアル・マイノリティの方々が直面する困難に、家族から理解を得られないという問題があります。職場や学校などでいじめにあったり、部屋探しのさいには、同性カップルに部屋を貸してくれないなどの差別にあったりもします。たび重なる差別や社会的偏見にさらされてきたことで、メンタル面での困難を抱えている方も多いです。そうした要素が引き金となり、貧困化のリスクがほかの方々よりも多いと考えられています。

　一方で、仕事や住まいを失ったLGBTの生活困窮者の方たちが福祉制度を利用しようとすると、そこにもさまざまなハードルがあることがわかっています。私は、LGBTの方に限らず、住まいを失った生活困窮者の方たちの生活保護申請に同行する活動を3000件以上行ってきましたが、福祉事務所によっては、カウンターで隣の人の声が丸聞こえの状態で面談が行われ、自分の事情を安心して話せないという問題があります。福祉事務所の職員に理解がない場合もあります。例えば、長年同性カップルとして暮らしてきた方たちが生活に困窮した場合、その2人を家族として認めず、別々の宿泊施設に入ることを求める職員もいるのです。

また、首都圏で住まいを失った方が生活保護を申請しようとすると、公的施設が圧倒的に不足していることから、「相部屋の民間宿泊所に入るなら生活保護を認めてあげます」という対応をされることがあります。生活保護制度には居宅保護の原則があり、法律にも施設への入所を強要してはならないと書かれているのですが、そうした原則が守られていないため、生活保護申請を断念する方が少なくありません。ゲイの方たちのなかには、男性からの性被害やDV被害を受けてきた人もいて、相部屋では気が休まらない方もいます。また、施設のほとんどが男性専用、女性専用としてつくられているため、トランスジェンダーの方が入所しようとすると、施設側が拒否するという問題もいまだに発生しています。

こうした問題を解決しようと、2017年、LGBTの当事者団体の方たちが中心となって「LGBT×貧困シンポジウム」が企画され、私も呼んでいただきました。これがきっかけとなり、「**LGBTハウジングファーストを考える会・東京**」という団体が立ち上がり、私もアドバイザーとして参加させていただいています。2018年には、クラウドファンディングを利用して、東京都中野区でアパートを一部屋借り上げ、LGBT支援ハウスの運用を始めました。セクシュアル・マイノリティの方が安心して新しいステップに進むためには、まずはプライバシーが保たれた個室の環境が必要だということで、これまで5人の方に利用していただいています。

3 コロナ禍 緊急事態宣言でもうひとつの緊急事態

2020年春から新型コロナウイルスの感染が拡大し、4月には緊急事態宣言が発令されました。近年、支援策が整ってきた結果、文字通りの路上生活をされている方は減少傾向にあります(最新の東京都統計では、路上や公園、河川敷で寝ている方たちは約900人)。一方都内には、ネットカフェ難民(ネットカフェ、マンガ喫茶、24時間営業のファミレスやファストフード店等で寝泊まりしている方)が約4000人いることが2017年の東京都の統計で明らかになっています。

2020年4月の**緊急事態宣言**ではネットカフェなどに休業が要請さ

LGBTハウジングファーストを考える会・東京
https://lgbthf.tokyo/

緊急事態宣言
　首都圏を中心とした2度目および3度目の緊急事態宣言(2021年)ではネットカフェは休業要請対象から外された。

れ、もっとも大きな打撃を受けたのがこうした「見えない」ホームレスの方たちでした。コロナの影響で仕事が激減し、お金が尽きかけている方が少なくないことが予想されました。「つくろい東京ファンド」では、緊急に相談メールフォームを開設し、5月末までに約170件のSOSを受けつけました。相談を寄せてくださったのは、多くが20代から40代の方たち、なかには10代の方、セクシュアル・マイノリティの方もいました。

<table>
<tr><td rowspan="3">「つくろい東京ファンド」に寄せられたSOSから</td><td>・「携帯も止められ不安でいっぱいです。もう死んだ方が楽になれるのかなと思ってしまいます」（20代女性）</td></tr>
<tr><td>・「ネットカフェ暮らしでしたが、営業休止で寝泊まりする場所がなくなり、また、仕事も職場が自粛するとともに退職扱いになり、所持金がほぼありません」（30代男性）</td></tr>
<tr><td>・「お金がなく、携帯もフリーWi-Fiのある場所でしか使えず、野宿です」（40代女性）</td></tr>
</table>

　感染リスクがありますので、「年越し派遣村」（2008〜2009年）のような大規模な相談会、宿泊支援はできません。そこで、メールで相談を受けて、少人数の緊急出動チームが駆けつけるアウトリーチ型の支援になったわけです。携帯の料金が払えず電話が止まっていても、フリー Wi-Fiのあるコンビニなどで、スマホでメールをすることは可能です。当面の交通費や宿泊費をお渡ししてビジネスホテルに泊まってもらいながら相談を継続し、公的支援につなげていきました。

　6月以降は、首都圏の40団体以上で立ち上げた「新型コロナ災害緊急アクション」で支援を継続しています。2020年末からは相談件数がさらに増えて、毎日3〜4件SOSが入ってくる状況です。東京都内各地でホームレス支援団体による炊き出し支援が行われていますが、場所によってはコロナ以前の2倍以上の方たちが集まる状況です。老若男女問わず住まいを失ってホームレス化していく状況に私たちは大変危機感を抱いています。

　「LGBTハウジングファーストを考える会東京」では、2020年5月から6月にかけてネットでアンケート調査を行いました。その結果、仕事と住まいに困っている方が増えている状況が明らかになりました。社宅を出なくてはいけなくなり、ネットカフェ生活をして

いる、路上生活をしている、友人宅を転々としているという声も多
数ありました（**図表2**）。

図表2 「コロナ禍の影響で住まいを失いそうなLGBTへのアンケート」結果

評　　価	仕　　事		住まい	
1危機的介入必要	33	27%	20	16%
2まだ持ちこたえられるがサポートか必要	19	16%	18	15%
3軽微な影響	29	24%	6	5%
4影響なし	15	12%	27	22%
5無回答	26	21%	51	42%
合　　計	122(件)		122(件)	

https://lgbthf.tokyo/2020/07/02/386/

4 生活保護申請 水際作戦の激化

　私たちは、緊急支援の活動と同時に、行政に対してもさまざまな
働きかけを行ってきました。

　私たちの社会には、最後のセーフティネットとして生活保護とい
う仕組みがあります。本来、生活保護は、年齢に関係なく生活に困
窮している方すべてに適用されるはずですが、現実的には多くの福
祉事務所や自治体の窓口で──もちろん自治体によって格差はあり
ますが──いわゆる「**水際作戦**」により相談に来た人が追い返され
てしまう事例が以前から散見されていました。特に2020年4月は
緊急事態宣言の影響もあって申請件数が急増し（全国的には前年同
月比で25％増、東京23区に限定すると前年同月比39％増）、一部の自
治体で水際作戦が以前より悪化してしまいました。

　具体的には、前の晩にどこに泊まっていたかを聞いて、その地域
の福祉事務所に行くようにと追い返すのです。しかしこの「前泊地
主義」に法的根拠はなく、生活保護法では「現在地主義」、つまり
いまいるところで申請すればいいのです。若い人たちに対しては、
「あなたは若いから生活保護受けられません」といったり、「親御さ
んの家に戻りなさい」と追い返す対応もみられました。

　アパレル関係の仕事についていた20代の女性は、職場での休業
補償がなく住まいも失ってしまいました。この方はもともと住んで
いた自治体内の福祉事務所に相談に行ったのですが、「親元に戻り

水際作戦
　生活保護を申請する
「前に」、相談に来た人
を窓口で追い返すこと。
　そもそも、生活保護
の申請書が手に取れる
場所に置いてある自治
体は数えるほどしかな
い。多くの場合、生活
保護の申請についてま
ず職員と面談し、状況
の聞き取りがあった上
で、職員が申請させて
よいと判断した人にの
み申請書を渡される。
そのために職員によっ
て恣意的な選別が行わ
れ、必要な人が生活保
護を申請できない状況
が数多く生まれている。

なさい」といわれて生活保護を申請できませんでした。仕方なく折り合いの悪かった母親に援助を求めたものの、玄関も開けてもらえず、その晩は外で寝ざるを得ませんでした。翌日また別の地域の福祉事務所に行ったのですが、そこでも取り合ってもらず、4月のまだ寒い時期に3日間路上生活をせざるを得なかったそうです。心配した友だちがネットで調べてくれ、つくろい東京ファンドのホームページにつながり、私たちがすぐに駆けつけてお話を聞いたのですが、本当につらい思いをしたとずっと涙を流していました。その晩は、ビジネスホテルに泊まっていただき、翌日スタッフが同行して改めて福祉事務所に行きました。すると、対応が一転して適切になり、生活保護を申請できて、アパートに移ることができました。こうした事例は多数ありました。

　同時に、この背景には、多くの人たちが窓口に殺到した結果、職員自身がオーバーワークになりパニック状態に陥ってしまう状況もあるようです。私たちはこれまで、国に対して福祉事務所の職員の増員、福祉専門職の配置の要望をたびたび行っています。

5 「生活保護は権利」 申請オンライン化と積極的広報を

　私たちは、本来あってはならない水際作戦をさせないためのツールとして、2020年12月に独自の**生活保護支援システム「フミダン」**を開発し、ウェブサイトで公開しました。

　もともと私たちはコロナ以前から、生活保護の申請をオンライン化してほしいという要望を厚生労働省に出してきました。諸外国では、福祉制度の申請をオンラインでできる仕組みが整えられてきています。日本でもオンライン申請が可能なものもありますが、生活保護についてはいまだにこれが実現していません。

　実は、生活保護の申請はファクスでも有効だということがわかっています。そこで、インターネット ファクスを使えば、事実上ウェブ上での申請の仕組みをつくれるのではないかと考えました。「フミダン」のサイトにアクセスし、ウェブ上に必要事項を記入すれば生活保護の申請書のPDFをつくることができます。そしてそれを

『コロナ禍の東京を駆ける』稲葉剛・小林美穂子・和田静香編、岩波書店、2020年

2020年4月から5月にかけて緊急事態宣言下、東京の生活困窮者支援の現場で何が起こっていたかをまとめた書籍。

生活保護支援システム「フミダン」
https://fumidan.org/

ダウンロードして持っていけば福祉事務所では断ることができません（東京23区限定で、ウェブ上から申請書のファクスを送ることも可能）。私たちは厚生労働省に申し入れを行ったさい、ファクスでの申請が有効であることを確認しています。これにより事実上「水際作戦」を無効化できると考えています。

同時に、生活保護については、いまだに社会のなかにマイナスイメージがあり、生活に困っているにもかかわらず申請をためらう方が少なくありません。申し入れでは、この点に関して厚労省から生活保護制度を広報してほしいと要望しました。この要望は、私たちだけでなく、さまざまな団体、法律家の方々がこれまで行ってきたことです。

2020年12月下旬、厚労省は公式サイトに、「生活保護の申請は国民の権利です。生活保護を必要とする可能性はどなたにもあるものですので、ためらわずご相談ください」と大きく書かれた特設ページを立ち上げました。厚労省が生活保護利用を積極的に広報するのは初めてのことです。ただ、ネットでの広報には限界がありますので、テレビのコマーシャル、駅のポスターなどでもっと積極的に広報してほしいと要望しているところです。

厚労省のホームページで注目していただきたいのは、「生活保護について、よくある誤解」という項目です。これが非常に興味深い内容になっています。

この内容はまさに私たちが厚労省に要望していたことで、各自治

厚労省ホームページ「生活保護について、よくある誤解」

●扶養義務者の扶養は保護に優先しますが、例えば、同居していない親族に相談してからでないと申請できない、ということはありません。
●住むところがない人でも申請できます。
　・まずは現在いる場所のお近くの福祉事務所へご相談ください。
　・例えば、施設に入ることに同意することが申請の条件ということはありません。
●持ち家がある人でも申請できます。
　・利用しうる資産を活用することは保護の要件ですが、居住用の持ち家については、保有が認められる場合があります。まずはご相談ください。
●必要な書類が揃っていなくても申請はできます。福祉事務所とご相談ください。

体に「水際作戦をしてはいけません」と釘をさす内容ともいえます。窓口で追い返されそうになったときは、スマホでこの厚労省のホームページを出して見せ、水際作戦封じとして使うこともあります。

6 生活保護利用の阻害要因　アンケート調査

　しかし実際は、生活保護の申請は思ったほど進んでいません。社会福祉協議会の特例貸付など生活保護以外の支援が拡充されたことも理由の一つでしょうが、民間の支援に集まる人が倍増しているのに比して、生活保護の申請数が微増にとどまっているのは深刻な問題だと考えています。

　その背景に、広報不足と同時に、制度そのものに使いにくい原因があるのではないかと考え、年末年始の生活困窮者向け相談会に来られた方々を対象に、生活保護利用に関するアンケート調査を実施しました。

　まず、扶養照会について質問しました。扶養照会というのは、生活保護を申請すると、役所が申請者の親族に対し援助が可能か問い合わせることです。しかし、そもそも親やきょうだいが援助してくれる状況にないから生活保護を申請しているわけです。ですから私はこの仕組みにはほとんど意味がないと考えています。東京都足立区で区議会議員の方が役所に問い合わせたところ、2019年度に区内で生活保護の申請が2275件あったのですが、役所が膨大な事務量と人手をかけて親族に手紙を出し、仕送りが可能になったのはわず

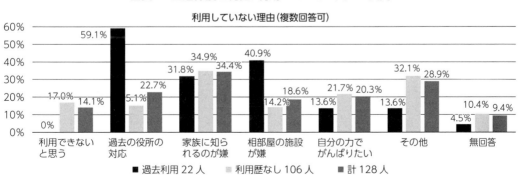

図表3　生活保護を現在、利用していない人への質問

か7件。申請件数の0.3％にとどまっています。

　私たちはこの扶養照会の制度が生活保護の利用から人々を遠ざけているのではないかと考え、アンケートで生活保護を利用した経験がある方たちに「扶養照会への抵抗感があったか」を聞いたところ、半数以上の方が「あった」と回答しています。また生活保護を利用したことがない方たちにその理由を聞いたところ、「家族に知られるのが嫌だから」つまり扶養照会があるからという答えが34.9％に上りました。さらに、「相部屋の施設が嫌だから」という回答も全体で2割程度ありました（**図表3**）。「制度や運用が変わったら利用したいですか」という質問には、「親族に知られることがないなら」という方が4割、「すぐにアパートに入れるなら」という方が3割いました。

　アンケートからも、扶養照会と、施設環境がよくないという2つの問題が生活保護利用の阻害要因であることが明らかです。このアンケートはセクシュアル・マイノリティの方だけに限定したものではありませんが、おそらく同じ調査をセクシュアル・マイノリティの方のみを対象に行ったとしたら、もっと多くの人たちからこれは困るという声が出るのではないかと推察しています。

　扶養照会については、change.orgというインターネットの署名サイトで「本人の承諾なしに親族に連絡しない」という運用に変更することを求める署名活動を行いました。このネット署名には約5万8000人が賛同し、2020年3月末、厚労省は福祉事務所職員の実務マニュアルである「生活保護手帳別冊問答集」の内容を一部改訂する通知を出しました。そこには、扶養照会は「扶養義務の履行が期待できる」と判断される者に限ること、生活保護の申請者が親族への照会を拒んだ場合、その理由について「特に丁寧に聞き取りを行い」、照会をしなくてもよい場合にあたるかどうかを検討するという対応方針が示されました。不十分ではありますが、ご本人の意向を一定程度尊重する運用に変わったことは評価しています。

　また相部屋への誘導についてですが、2020年4月の時点では、コロナ感染リスクがあるにもかかわらず相部屋施設への誘導がみられました。私たちのところにも、「生活保護を申請したら相部屋施設に入れられ、まわりに咳をしている人がいるのにマスクも支給さ

れず、感染が怖いので出たい」という相談が寄せられました。その
たびに私たちが交渉をし、個室の環境に移してもらってきました。
ただ根本的には東京都や厚労省が方針を変えないと解決しません。
国会議員、自治体議員に働きかけ、私自身も東京都の福祉課長と直
談判し、2020年4月17日時点でようやく「原則、個室対応」と
する事務連絡が発出されました。そもそも、緊急事態宣言によって
ネットカフェから出ざるを得なかった人たちに、ネットカフェより
感染リスクの高い相部屋施設に誘導するのは、本末転倒の対応だと
いわざるを得ません。これは、私たちの社会が、生活や住まいに困っ
ている人たちの人権を尊重してこなかった証でもあると考えていま
す。

7 つくろい東京ファンド独自の取り組み

独自の個室シェルター増設

　同時に私たちは、独自の個室シェルターの増設を進めてきまし
た。2020年春以降、不動産業者にご協力いただいて新たに30部
屋近くを借り上げ、家電製品や布団も用意しました。2021年2月
現在、54部屋まで増やし、10代から70代までの方たちに利用し
ていただいています。そのなかにはLGBTの方たちもいます。
　さらに7月末には、ペットと暮らせる個室シェルター「**ボブハウ
ス**」も開設しました。というのも、コロナ禍の貧困問題の特徴は、
これまで生活に困窮したことがない中間層の方が貧困に陥り、一気
に住まいまで失ってしまうということがあります。なかには犬や猫
といったペットといっしょに暮らしていた方もいます。しかしいま
都内にはペットと入れる宿泊施設は存在していません。場合によっ
ては、福祉事務所の窓口で「ペットは処分してください」といわれ
てしまうのです。長年家族として暮らしてきたペットと離ればなれ
になってしまうのは大変苦痛です。こうした状況を何とかしたい
と、クラウドファンディングを行い、ペット可のワンルームを確保
しました。現在「ボブハウス」は4室まで増やしています。

ボブハウス
　名称の由来は、「ボ
ブという名の猫」(2016
年、イギリス映画)。

『ビッグイシュー日本
版』389 (2020/8/15)
号

「コロナ困窮者の住宅確保応援プロジェクト」ビッグイシュー基金

　私が共同代表を務めているビッグイシュー基金では、コカコーラ財団からの助成金をもとに「おうちプロジェクト」という住宅支援の活動を2020年夏から続けています。都内で部屋を借りようとすると、敷金礼金、不動産手数料、家賃保証会社への保証料、鍵交換代等々20万円以上のお金が必要です。これらの初期費用を用意できないために多くの人たちがネットカフェで生活しています。「おうちプロジェクト」ではさまざまな団体と連携して、住まいがない方にアパートの初期費用を全額支給し、2021年の8月までに全国で200世帯の入居支援を行うことを目指しています。住まいを失った方だけでなく、収入の減少により安い家賃のところに引っ越したい方にも、このプロジェクトを利用してもらっています。

「つながる電話プロジェクト」

　住まいや仕事につながるための通信手段を支援するプロジェクトもあります。つくろい東京ファンドの個室シェルターの利用は原則3カ月に設定してあり、そのあいだに自分名義の部屋に移っていただけるように支援をしています。ただ、家賃保証会社の審査には携帯の電話番号が必要ですし、仕事を探すにも電話番号がないと始まりません。そこで、さまざまな事情で電話（番号）を失った方に、助成金をもとにスマートフォンを2年間無償貸与しています。こうしたプロジェクトを通じて、住宅や仕事へのハードルを下げていく取り組みを進めています。

8　社会的排除とは　公的サービスの充実を

　これらの活動を、「社会的排除」という観点から理解していただければと思います。社会的排除は、1970〜80年代にヨーロッパで広がった新たな貧困をとらえる概念です。それまでは貧困を所得の高低で考えていたのに対し、社会的排除の概念では、住まいや教育、保健、社会的サービス、仕事などさまざまな領域にアクセスできるかどうかに着目します。いまの日本の貧困問題は社会的排除の側面

を大きく持っており、マイノリティの方たちは排除されやすい傾向があります。例えば、セクシュアル・マイノリティの方たちは、仕事や住まいを探すとき、さらに公的サービスを受けるときにも差別を受けやすく、さまざまなハードルがあります。これらのハードルを下げていく取り組みが求められていると考えています。

コロナの影響によって仕事や住まいを失う人たちがたくさん出ている状況に対し、私たちはコロナ「災害」といういい方をします。東日本大震災以降、行政が民間の空き家・空き室を借り上げて被災者に提供することが行われてきました。まさにこれと同じことを私たちはつくろい東京ファンドで実施しているわけです。行政には、今回の事態を「災害」としてとらえ、コロナの影響で仕事と住まいを失った人たちに対して、公的な責任において空き家・空き室を提供してほしいのですが、まだ実現していません。

その一方で、最後のセーフティネットである生活保護の窓口で水際作戦が行われている問題があります。きちんと対応している自治体もありますが、申請にあたって格差が生まれています。こうした問題を解消すると同時に、生活保護制度自体が抱えている問題、具体的には扶養照会や相部屋施設への誘導などの利用阻害要因を除去していく必要があると考えています。

2020年は1人当たり10万円の特別定額給付金が支給されました。しかしそれは住民基本台帳に記載されている人たちが対象でした。路上生活者や難民申請中の外国人の方たちのなかには、すでに住民票が消除されていたり、仮放免中で短期の在留資格しかなかったり（住民票がつくられるのは滞在期間が３カ月以上のビザがある場合のみ）したため、給付金をもらえない人が続出しました。母国での迫害から逃れてきているLGBTの外国人のなかにも、在留資格の問題で給付金を受け取れなかった人がいました。

コロナになって、私たちの社会のすべての構成員が影響を受けています。それを踏まえると、何らかの対策が行われるさいには、一部の人たちがこぼれ落ちてしまわないようにしなくてはなりません。セクシュアル・マイノリティの方たちを含め、すべての人が安定した住まいを確保し、安心して暮らすことを権利として保障する政策が求められています。

DVへの対応
からくりを知り、対応を考える

森 あい
弁護士

1 DVとは

　まずDVについてです。「同性同士でもDVはあるのですか」「LGBT
でもDVはあるのですか」「同性同士だと純粋に愛し合っているか
らDVはないと思っていました」という話を聞きます。大変無邪気
で率直ではあるのですが、実際に生きている人として、その実態を
考えていないから出てきた言葉だと思います。

　同性同士でもDVはありますし、トランスジェンダーの方がDV
の被害を受けることもあります。しかし残念ながら現状では相談支
援の現場でそのことはまだあまり考えられていないのではないで
しょうか。みなさんのそれぞれの現場で、セクシュアル・マイノリ
ティの方がDV被害の相談者として想定されているでしょうか。相
談を受ける人に偏見・知識不足はないでしょうか。

　DVについて最近よくあるのが、「相談はできます。しかし、そ
の先の支援はできません、保護はできません、シェルターへはここ
からはつなぐことはできません」というものです。相談だけではな
く、その先の対応もできるよう整備されているかも確認していただ
ければと思います。LGBTの方からの相談を安易に、DV被害者支援
を行っていないLGBT関係の専門相談先や団体に紹介してしまうこ
ともあると思います。そういうことがないように講座の話も参考に
点検し、変えていっていただければと思います。

　東京ウィメンズプラザのホームページに掲載されているものは、
見出しが「DV」ではなくて、「配偶者暴力（DV）」と、いきなり「配
偶者」という言葉が先頭にきています。日本では法律上の性別が同

じ人同士では結婚ができ
ませんので、同性パート
ナーは配偶者には基本的
にはなれません。そうい
うなかで「配偶者」とい
う言葉を使うことは、同
性パートナーを排除して
いるとのメッセージを与
えるものです。

配偶者暴力（DV）とは何ですか？

配偶者暴力（DV）とは、配偶者または事実婚のパートナーなど親密な関係にある
男女間における暴力のことを言います。
暴力は、殴る・蹴るなどの身体的暴力だけではなく、人前でバカにしたり生活費を
渡さないなどの精神的暴力や、性行為の強要などの性的暴力も含まれます。
これらの暴力の多くは家庭という私的な生活の場で起こるため、他の人に見つかり
にくく、長期に渡り繰返し行われることで、被害者に恐怖や不安を与えるため、深
刻なダメージを受ける場合が多くあります。

東京ウィメンズプラザのホームページから

　さらに説明を読み進めていくと、配偶者暴力について説明してあ
るのですが、「男女間における暴力のことをいいます」とはっきり
と書いてあります。同性カップルの間の暴力が明確に排除されてし
まっています。こういったものがいまだに公的機関から発信されて
いるのが日本の現状です。被害を被害ととらえず、とらえることを
妨げるような発信が行われ、公的機関が加害を隠蔽しているとさえ
いえると思います。みなさんの地域ではどうなっているか、ぜひ確
認してみてください。

　熊本市のホームページに掲載されているDVの説明には、「男性
被害者の方や同性パートナーからのDVの悩みについてもご相談を
受けつけています」とDVが男女間だけではないことが明示されて
います。もともと対象になっていないと思わせられがちなので、明
確に含んでいると書いておかないと、対象ではないと思ってしまい
ます。はっきり書くことが大切です。

　「DV防止法」と省略して呼ばれるこの法律の正式名称は、「配偶
者からの暴力の防止及び被害者の保護等に関する法律」で、配偶者
からの暴力となっています。先ほど申し上げた通り日本では同性同
士で結婚することはできませんので、「配偶者」という言葉ですでに
排除される人たちがいて、けっして平等ではない。公的機関でさえ
差別をしているというなかにあります。ということは、それぞれの
相談支援の現場でいままでの体制を単に引き継いでいっているだけ
ではダメで、それぞれの現場も、法律や行政の対応も、変えていか
ないといけない、整えていかないといけないのです。

　それからこのDV防止法では、都道府県はDV防止基本計画を定

める義務があり、市町村は定めるよう努めるという努力義務になっています。こういう計画をお住まいの市町村が定めているか、また、都道府県を含めどのように書かれているかもぜひチェックしてください。

　まだまだシスジェンダーの男女間だけが前提になっていて、LGBTのことを微塵も考えていないようなところが残念ながら少なくありません。LGBTに言及されていても、「Lとは」「Gとは」と、用語説明以上のことが書かれていないこともあります。ぜひ確認していただいて、LGBTの相談に対応しているか、さらに支援につながるか、こうした点についても盛り込んでもらえるように行政に働きかけていただければと思います。行政の方はぜひ変えるように取り組んでいただきたいです。

2　DVの定義

　次の定義は、尾崎礼子さんの『DV被害者支援ハンドブック　サバイバーとともに』からの引用です。この本は、SOGIのことも考慮に入れて書かれており、お勧めしています。

尾崎礼子『DV被害者支援ハンドブック　サバイバーとともに』朱鷺書房、2015年

> ドメスティック・バイオレンスは、
> 成人または思春期にある個人が、
> 親密な関係にあるパートナーに対して継続的に振るう
> 暴力的・強制的な行為で、
> 身体的、性的、心理的な攻撃や経済的威圧を含む
>
> オハイオ州DV連合「オハイオ・ドメスティック／バイオレンス・ネットワーク」の定義

　この定義では、まず、「成人または思春期にある個人」とあり、当然若い人だけではなく高齢の方も、思春期ということで、結婚ができる年齢ではない人たちの間にもあり得ることとしています。
　次に、「親密な関係にあるパートナーに対して」とあります。性的な関係があると思われるパートナー以外でもパートナーという閉じた関係のなかで虐待・暴力はあることが示唆されています。親密

な関係にあるパートナーとの間でどういうことが行われて、どういう影響があるのか、その特性をわかっておく必要があります。

「継続的に振るう暴力的・強制的な行為」ということも定義にあります。一時的にでもなく、一度だけでもないということです。そうすると一度しか殴られたことがない場合はDVではないのかと思われるかもしれませんが、そうではありません。この後詳しくお話ししますが、DVの本質はパワーとコントロール、権力と支配にあります。

コントロールは殴る蹴るという身体的な暴力でのみ、なされるものではありません。身体的な暴力が一度もなくても、支配、コントロールがなされてしまう。これもDVです。身体的な暴力だけに目を奪われると、「身体的な暴力は振るっていないからDVではない」と思ってしまうことがあります。性的な暴力は身体的暴力にも重なりますが、殴る蹴るといった身体的な暴力だけでなく、心理的そして経済的なものも含まれます。

3 DVのからくり

パワーとコントロール

DVは単に身体的な暴力だけではなく、親密な関係にあるパートナーの間で力に差がある関係のなかで、力を持つ側が力を持たない側を支配していくものです。弁護士としてDVの対応をしていると、パートナーだけでなく弁護士を含めて周囲の他人に広範囲に、脅す、暴力を振るう人もいなくはありませんが、多くは暴力的な態度をとる領域とそれ以外の領域を区別していて、パートナー以外の周囲の人に対しては終始暴力的・支配的というわけではないのです。これはよくいわれていることですが、その人を外から見ると、「あんなにいい人なのに」、「まさかあの人が」と思われてしまい、周りがきちんと対応しないということがあります。

DVの本質はパワーとコントロールです。パワーは力関係、権力関係、そしてコントロール、すなわち支配ということです。その力関係を生じさせる関係としてはもちろん大きなものは男女です。し

かし力関係を生じさせるのは男女だけではありません。国籍もその一つです。日本で日本国籍をもっているということは特権的な地位に当たります。それから障害の有無も力関係を生じさせるものだと思いますし、経済的な力関係もあります。定職に就いているとか、収入が高い仕事に就いているといったことです。このように力関係を生じさせるものはさまざまあり、その力関係にさまざまな手段が用いられていて支配になる、それがDVということです。男性が加害者、女性が被害者というだけではなくて、それ以外の場合にもDVは当然起こり得ます。

パワーとコントロールの車輪

　パワーとコントロールの車輪の図を使って、DVのからくりを説明していきます（**図表1**）。この図は、先ほどの尾崎礼子さんの本に出てくるもので、DVに関する支援を重ねるなかでその経験をもとにDVのからくりを集約していったとのことです。この車輪を使って、さまざまな人がそれぞれの車輪をつくり出しています。

　車輪の真ん中からのスポークで周りのフレームを支えています。このスポークで区切られたところには、心理的虐待や社会的孤立などパワーとコントロールを保持するための手段が書かれています。車輪の外側の輪っか、フレームには身体的暴力、性的暴力と書かれています。身体的暴力や性的暴力は、スポーク内の手段を使って支配ができなかったときや支配を強化したいときに使われます。スポーク内のものだけで支配ができる場合は、背後にこういうものが控えているとほのめかすだけで、身体的暴力、性的暴力を使わずに済むこともあります。DVにおいては身体的暴力が注目されがちですが、支配は身体的な暴力によらずともなされます。身体的暴力は生命の危険に及ぶような切迫した危険度を考える上で重要ではありますが、身体的暴力だけから見ていくとDVの本質を見誤ってしまうことになります。

　スポークを1つずつ見ていきます。「心理的虐待」を使って支配を強めていくものとしては、「お前なんてバカだ」、「お前の話は誰も聞いてくれない」など、筋道の通らない理屈で責め立てることがあります。「自分は価値がない存在だ」と思わせてしまいます。

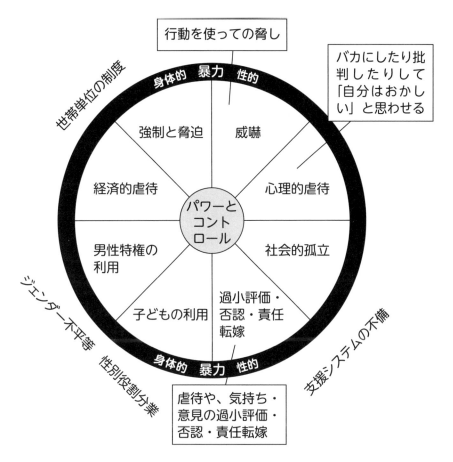

図表1　パワーとコントロールの車輪

行動を使っての脅し

バカにしたり批判したりして「自分はおかしい」と思わせる

世帯単位の制度

身体的　暴力　性的

強制と脅迫　　威嚇

経済的虐待　　心理的虐待

パワーとコントロール

男性特権の利用　　社会的孤立

子どもの利用　　過小評価・否認・責任転嫁

ジェンダー不平等　性別役割分業

身体的　暴力　性的

支援システムの不備

虐待や、気持ち・意見の過小評価・否認・責任転嫁

尾崎礼子『DV被害者支援ハンドブック　サバイバーとともに』(朱鷺書房) において、Domestic Abuse Invention Programsの許可により尾崎氏が和訳し転載したものをもとに、森がスポークス内の事柄の説明と車輪の周りの語句を付記したものです。

「社会的孤立」は、友人関係、人間関係を制限させるものです。職場の人間以外に会うなとか、職場でもプライベートな関係は持つなとか、そもそもなるべく外に出さないということで仕事に就かせない、実家に帰らせないということもあります。周囲の人のことを批判して疎遠にさせる、友だちの話をすると不機嫌になるなどもこれに当たります。スマートフォンや携帯を持たせない、SNSの利用をコントロールすることもあります。

「過小評価、否認、責任転嫁」は、加害者自身の行為を過少評価し、否認、責任転嫁することです。暴力を振るったことを大したことではないと思わせる。「お前がちゃんとしていないから自分は暴力を

I　支援の前に

II　支援の現場から

III　公的支援を使うために

IV　こころと身体

V　生活の場で

振るうのだ」、「自分がこうなるのはお前が悪いからだ」と責任転嫁をすることもあります。

「子どもの利用」は、子どもの前で暴力を振るう、「ダメな親だ、母親（父親）失格だ」という。子どもを虐待してパートナーに辛い思いをさせるということもあります。子ども以外にも、大切な存在であるペットを使うこともあります。

「男性特権の利用」は、性別役割分業が背景にあり、それを利用してきます。「そういうことは女がするものだ」、「女はこうあるべきだ」、「男はこうあるべきだ」という意識を使って支配していくことです。男性となっていますが、ここでは男性性を含むさまざまな特権の利用として考えたいと思います。

「経済的な虐待」は、わりと想像しやすいと思うのですが、「誰のおかげで暮らせているのか」といい募る、生活費を渡さない、預貯金をすべて管理する、仕事をさせない、逆に自分は働かずにパートナーを働かせる、自分は無駄にお金を使うこともあります。

「強制と脅迫」は、例えば、「別れるのなら子どもを傷つける」とか、「家に火をつける」、「自殺をしてやる」などといったりする。「離婚したら食べていけないぞ」、「ひとりでやっていかれるわけがない」などと脅すことによって自分の要求を通す、強制していくものです。

「威嚇」は、言葉でなく行動を使った脅しです。殴るふりをする、凶器になるものを目につく場所に置いておく、テレビのリモコンなど手近にあるものを投げようとする、ドアをすごい勢いで音を立てて閉めるなどです。体には触れずに暴力の可能性を暗示することでコントロールを強める手段です。

LGBTのパートナーシップにおけるパワーとコントロール

LGBTのパートナーシップに関して、このパワーとコントロールの車輪を考えてみてください。

考えやすいのは、心理的虐待や社会的孤立だと思います。支配を強めていくためにスポーク内の心理的虐待や社会的孤立などの手段がどのように用いられるか。これは、LGBTのことも、DVのこともよくわかっていないと考えることができません。

具体的にどういうことがあるでしょうか。

アウティングをして脅す、「世間では認められないのだからここで暮らすしかない」と孤立させる、「ほかにパートナーになれる人はいない」と囲い込む等々があります。もともと孤立している関係が背景にあれば、支配が強められやすいことにもなります。支援のつながりを求めても支援からも疎外されることもあります。公的な機関がさらに社会的孤立を深めさせる、この支配の仕組みに加担しているといえます。

外国人の国籍や在留資格に関しては、法律上の性別が男女の場合は結婚することで日本人の配偶者、すなわち家族としての在留資格を得る道があるのですが、日本では同性パートナーの場合は家族として在留資格を得ることが原則できません。例外的には、同性婚ができる国の人同士の場合に特定活動という在留資格が認められることがあるのですが、これはあくまで例外で、基本的には家族としての在留資格は得られません。在留資格が不安定な面を利用する支配の仕方もあると思います。ここでも、公的な差別が、支配に加担していますね。

また、心理的虐待の例としては、本物の男だったら、女だったらこうだとか、本物のレズビアンならこうだというふうに貶めることがあります。バイセクシュアルというアイデンティティの人に「お前は同性愛者でも異性愛でもない偽者だ、変な存在だ」と貶めることもあると思います。

いずれにしても、LGBTのこともDVのこともどちらもわかっていないと、パワーとコントロールの具体的な中身を考えていくことはできません。ただし、1人で両方をわかっていなくても、LGBTをわかっている人とDVをわかっている人でいっしょに考えてみることもできます。

LGBTとDVいずれの理解も深め、状況を理解したり、改善するべきことを洗い出したりするのに、この車輪のワークから考えてもらえればと思います。

レイプクライシス・ネットワーク、Broken Rainbow-Japan発行の『LGBTQA性暴力サバイバーズGUIDE サバイバーのエンパワーとレジリエンスを信じて』のなかに、トランスジェンダーに対するDVに特筆すべき点として、次の4点が挙げられています。こちら

も参考になさってください。

・アイデンティティに関わる侮辱的な身体接触
・ホルモン治療や**SRS**に関するアクセスをコントロールする
・アイデンティティを否定した性暴力
・ウィッグ、衣装、**エピテーゼ**等性表現ツールの破壊

SRS
性別適合手術

エピテーゼ
体の表面に取りつけるボディーパーツ。例えば、トランスジェンダー男性が男性器のエピテーゼを、トランスジェンダー女性が乳房のエピテーゼを装着することがある。

4 セクシュアル・マイノリティに関わるDVで想定すべきこと

無視・排除・否定されてきた経験

　セクシュアリティを否定されたり、隠してきた経験を持つセクシュアル・マイノリティは少なくありません。無視・排除・否定され続けると、自分を尊重する意識を持つことが難しく、そうするとなかなかこの状況を変えたいという気持ちにつながりづらいです。

被害に遭っても被害に気づきにくい

　DV被害は、そもそも被害を受けていることに気づきづらいものです。LGBTの場合はなおさらです。世間では、DVに関する話は男女を前提にしているものがほとんどで、被害者は女性という前提もあります。同性からの被害や、男性が被害者の場合、被害に気づくにはさらに高いハードルがあります。

セクシュアリティや同性パートナーの存在を知られることへの不安

　同性のパートナーの存在を話すことになってしまうとか、自分がトランスジェンダーだったことがわかってしまうなどで、支援につながらない、相談できないということもあります。

　パートナーやコミュニティの人間をフォビア（嫌悪）にさらしていいのかとの躊躇があることもあります。たとえパートナーが加害者であっても、そのセクシャリティを暴露してしまっていいのか、世間の嫌悪にさらしてしまっていいのかという不安も、なかなか相談支援につながらない理由の一つです。

関係が閉じがち、社会的に孤立しやすい

　カミングアウトを全面的にしている人は少ないのです。すでに社会的孤立があるところで、さらに関係が閉じがちになり、孤立が強くなる傾向があります。

状況を変えることによるさまざまな喪失の大きさ

　自分のことを話せる友だちがいたり、馴染みのお店があったりという住み慣れた地域コミュニティがある環境を、加害者から離れるために失ってしまう喪失の大きさも理由の一つでしょう。LGBTでなくてもDVの加害者から離れるときにはさまざまな喪失がありますが、さらにそれが大きなものとなってしまいます。

コミュニティの狭さ

　関係が密接で、友だちの友だちは友だちのようになっていることはよくあり、コミュニティの狭さから加害者から離れづらいこともあります。

支援者側の偏見・無知 (のおそれを含む)

　行政機関だけでなく、民間の支援者、警察、弁護士、カウンセラーなど、支援者となるべき側にLGBTに対する偏見・無知があるのではないかという不安があります。実際ないとはいえません。ウェブサイトなどを見ると、DV相談の多くは男女間の問題ととらえられていて、同性間やトランスジェンダーの被害者がいることが想定されているようには見えません。実際には、同性間やトランスジェンダーの被害について相談しても大丈夫な場所もあるでしょうが、明示されていないと「ここでは相談できない」、「相談しても無駄だ」、「そもそも相談対象にはなっていない」と思ってしまいます。LGBTを排除しない、きちんと相談に乗る機関ならば、そのような看板を掲げ、知識を得て研鑽を積んでいくことが必要です。

制度の不備・支援資源の乏しさ

　DV防止法には**保護命令**という制度があります。
　2013年に第3次の改正で、それまでの法律婚、事実婚を対象と

> **保護命令**
> 　身体的な暴力や生命等に対する脅しがあるような場合に、裁判所が加害者に対して被害者への接近禁止や、家からの退去を命令するもの。

するものから、事実婚には至っていなくても、同棲カップルも保護命令の対象に含まれるようになり、対象が広がりました。しかし、同性の場合を除くと条文上明記されてはいないのですが、残念ながら否定的な見解も、第3次改正の後に示されてしまいました。法律上の性別が同じカップルでも保護命令が認められた例はありますが、同性だということが理由で適用されなかったと思われるケースもあり、不安定な状況です。同性カップルへの適用が明文で除外されているわけではないので、改善をどう求めるかは難しいところがあります。

　シェルターなど一時保護施設についても問題があります。例えば、トランスジェンダーの男性（法律上の性別が男性の場合もそうではない場合も）も、また、トランスジェンダーの女性、特に、法律上の性別が男性の場合には、一時保護施設を利用できないことがあります。また、トランスジェンダーの場合以外にも、レズビアンの利用については、すでに入居している女性たちが嫌がるかもしれないから利用を断る可能性があると、シェルター側から聞いたことがあり、大変驚きました。制度の不備に加え、支援資源も乏しく、改善の必要があります。

5　なぜ逃げないの？の問い

　「なぜ逃げないの？」という問いもDVに関する典型的な偏見ですが、逃げることを妨げるさまざまなバリアがあります。「お前はおかしい」とコントロールされているなかでは、この状態を変えようと思えません。加害者がなだめすかすなど、下手に出てコントロールするので、暴力的な支配があっても別れることが難しくなることもあります。

　加害者と別れることは、自分が大切にしていたコミュニティや地域、仕事などをすべて断ち切ることにもなるので、なかなか逃げることができない。逃げたとしても、支える体制があるのかという問題もあります。日本のDV施策は被害者が逃げることが前提ですが、なぜ被害者側が逃げないといけないのか。「なぜ逃げないの？」と

問うのではなく、問題にすべきは、「なぜDVをするのか？」であるべきだと思います。また、被害者が逃げない、別れないということはもちろんありますし、一度逃げたり別れたりしても、後で加害者のもとに戻ることも当然あることです。支援の現場では支援は1回きりで終わらないと思っておくことが、被害者が傷つかずに支援につながり続けられることになると思います。

6 性暴力

　ここでは少しだけになりますが、刑法の性犯罪の規定についてお話しします。まず、性犯罪イコール性暴力ではなく、性犯罪とならない性暴力により与えられるダメージが小さいということはありません。性犯罪の規定は、刑法では、「虚偽告訴罪」の章と「賭博及び富くじに関する罪」の間にあります。章立てでは、「わいせつ、強制性交等及び重婚の罪」の章です。このように、刑法上の位置づけは、個人の性的な自由や自己決定を守るというよりも、国家、社会といった大きな法益を守るところに位置づけられてきました。

　それはそれとして、2017年の刑法の改正で、**刑法177条**の強姦罪が強制性交等罪になりました。従来、刑法177条で犯罪行為とされていたのは、ペニスの膣への挿入だったのが、ペニスと膣、肛門または口が対象になることに変わりました。以前はペニスを膣へ挿入することだけが177条の定める犯罪であったのが、例えば、肛門へペニスを挿入する、させることも177条の定める犯罪に当たるようになったということです。強制性交等罪は、被害者の性別を問わないものとなりました。

　2017年の刑法改正については**附帯決議**がなされています。被害者となり得る男性や性的マイノリティに対して不当な取扱いをしないことを関係機関等に研修等を通じて徹底させるよう努めるとの内容です。これによって警察などでも研修が行われるようになってきているはずですが、みなさんが現場でまだきちんと取り組みが進められていないことに気づいたら、この附帯決議も参考に、研修などを行うようにお話しいただければと思います。

刑法177条（強制性交等）
　十三歳以上の者に対し、暴行又は脅迫を用いて性交、肛門性交又は口腔性交（以下「性交等」という。）をした者は、強制性交等の罪とし、五年以上の有期懲役に処する。十三歳未満の者に対し、性交等をした者も、同様とする。

刑法改正の際の附帯決議
　四　強制性交等罪が被害者の性別を問わないものとなったことを踏まえ、被害の相談、捜査、公判のあらゆる過程において、被害者となり得る男性や性的マイノリティに対して偏見に基づく不当な取扱いをしないことを、関係機関等に対する研修等を通じて徹底させるよう努めること。

こころと身体

セクシュアル・ヘルス
性の健康と安全を保つための方法を知る

岡田実穂　｜　レイプクライシス・ネットワーク代表

レイプクライシス・ネットワーク (RC-NET)

性暴力に関わる情報発信や当事者サポートを当事者視点で行っていくために2009年に活動を開始。現在は事業の大部分を新たな活動体であるBroken Rainbow-Japanに移行している。

Broken Rainbow-Japan

RC-NETのプロジェクトチームとして活動を2017年に開始し、2020年に独立しLGBTIQAの性暴力被害に関しての支援体制の構築、啓発資材作成、政策提言などを実施している。

健康

WHOの定義では、「健康とは身体的・精神的・心理・社交的に完全に良好な状態であり、単に病気あるいは虚弱ではないことではない」「人種、宗教、政治的信念又は経済的若しくは社会的条件の差別なしに万人の有する基本的な権利の一つ」(WHO憲章、1948年)としている。

2009年に**レイプクライシス・ネットワーク (RC-NET)** という性暴力被害のサバイバーたちのサポートをする団体を立ち上げ主宰しており、2017年からは、元々はRC-NETのプロジェクトチームだった**Broken Rainbow-Japan** (代表者 宇佐美翔子) というLGBTIQAに特化した性暴力被害に関する活動体で、政策提言や相談支援、研修講師などをしています。

1 「性の健康」とは何か

「性の健康と権利」

「性の健康と権利」を軸にお話をします。「性の健康と権利」は英語ではSexual Health and Rights (セクシュアル・ヘルス・アンド・ライツ) ですね。まず、「sexual／sexuality (セクシュアル／セクシュアリティ)」という言葉について考えてみましょう。

WHO (世界保健機関) によれば、「セクシュアリティとは、人間であることの中核的な特質の一つで、セックス、ジェンダー、セクシュアル・アイデンティティ、ならびにジェンダー・アイデンティティ、性的指向、エロティシズム、情緒的愛着／愛情、およびリプロダクションを含む」ものです。「セクシュアリティ」という言葉自体、かなり広範に及ぶ概念をもつ言葉だとわかると思います。

次に「**健康 (health、ヘルス)**」とは何かを考えてみましょう。まず思い浮かぶこととしては、病気・障害などがないということでしょうか。でも、病気・障害がある人に「健康」がないかといえばそうではありません。「健康」もまた広い概念です。単に疾病や障

害のあるなしや虚弱であるかないかにかかわらず、よりよく生きていくことを考えられる状態のことを「健康」といいます。「性の健康」は、身体（physically）、感情・心理（mentally）、社交（socially）、精神（spiritually）の４つの側面から、上記のセックス、ジェンダーからリプロダクションまでを含む包括的な状況が良好であることが基礎になります。

　「リプロダクティブ／リプロダクション」という言葉は聞いたことがある人も多いかと思います。人間の生殖システム・機能をどう生かすかということですが、「**リプロダクティブ・ヘルス／ライツ**（生殖の健康と権利）」は、日本でも「生む・生まないは自分で決める」などの言葉で、フェミニストのみならず多くの人に認知されてきましたが、これは、各国で長く取り組まれてきている人権課題の一つです。そして、この「リプロダクティブ・ヘルス／ライツ」自体もまた、「性の健康」概念に含まれる権利の一つです。

「女性の権利」と「男性の責任」

　1994年にカイロで開催された国際人口開発会議（カイロ会議）で提唱され、広がりを見せたのが、「リプロダクティブ・ヘルス／ライツ」という概念です。ここでは、侵害されている「女性の権利」についてだけでなく、「男性の責任」についても多く語られています。「女性の権利」としては、女性自らが妊孕性（にんようせい）（妊娠する機能の発揮）を自分でコントロールしていいのだということ、安全な妊娠・出産ができる環境を享受できること、すべての新生児が健全な小児期を享受できること、性感染症の恐れなしに性的関係がもてることなどが挙げられています。そして避妊をする・しないということに関して、暴力に関して、ジェンダーの平等に関して、男性は女性の権利を守る責任を持つことが求められています。それは女性が圧倒的に差別され暴力に晒されている現状のなかで、「もっとも」なことです。

　そもそも「リプロダクティブ・ヘルス／ライツ」という概念自体は60年代にはありましたが、カイロ会議が開催された1994年以降、日本の法律にもリプロダクティブ・ヘルスが反映されていきます。

　ここで改めて、「性の健康」について考えてみたいと思います。「リ

socially
　socialというと、社会的なと訳されることがあるが、ここでは「社交」、他者との関わりについての意になる。

リプロダクティブ・ヘルス／ライツ
　「リプロダクティブ・ヘルス」とは、人間の生殖システム、その機能をどう使うか、その過程のすべての側面での健康についてなので、疾病・障害がないだけではなく、身体的、精神的、社会的に完全に良好な状態にあることと、WHOや国連で定義づけがされている。
　人々が安全で満ち足りた性生活を営むことができ、生殖能力をもち、子どもを産むか産まないか、いつ産むか、何人産むかを決める自由を持つことを意味すると、国際人口開発会議（カイロ会議）で1994年に採択されている。

プロダクティブ・ヘルス」が国際社会で承認されていくなかで、「性の健康」についてはどのように取り組まれてきたのでしょう。「性の健康」には「リプロダクティブ・ヘルス」が含まれるといいましたが、そのおおもとである「性の健康／権利」に関しては、WAS（World Association for Sexual Health、性の健康世界学会、現在は世界性の健康学会）が1999年に「性の権利宣言」を採択し、2005年には、**「性の健康と性の権利宣言」**を採択しています。

　国連は2000年に「国連ミレニアム宣言」を行い、「ミレニアム開発目標」（MDGs Millennium Development Goals）を定めましたが、2005年の「性の健康と性の権利宣言」は、「ミレニアム開発目標」に盛り込まれた性の健康や権利について広く国際社会に向けて発信するものでした。「性の健康と性の権利宣言」には「ミレニアムにおける性の健康」という副題がついており、「リプロダクティブ・ヘルス／ライツ」は、人が性（セクシュアリティ）において健康であるための一要素だと述べられています。

　このように、世界的には、70年代、80年代から「リプロダクティブ・ヘルス」だけでなく、「性の健康」全体に関して取り組む必要があると認識されてきましたが、日本における「性の健康」やジェンダーに関する取り組みは、ミレニアム、すなわち、2000年が大きな契機になっています。

SDGsに「性の健康」の概念の全体像は入らなかった

　「国連ミレニアム宣言」から「性の健康と性の権利宣言」、その後

図表1　SDGsの17の目標

＊本書の内容は国連によって承認されておらず、国連またはその当局者および加盟国の見解を反映したものではありません。

のSDGs (Sustainable Development Goals：持続可能な開発目標) へと続くわけですが、SDGsのなかに「性の健康」の概念の全体像は入っていません。SDGsはMDGsの後継として、2015年9月の国連サミットで加盟国の全会一致で採択された「持続可能な開発のための2030アジェンダ」に記載された2030年までに持続可能でよりよい世界を目指すための国際目標のことです。17の目標 (ゴール) と169のターゲットから構成され、地球上の「誰一人取り残さない (leave no one behind)」ことを誓っています。

leave no one behindと謳っているわけですから、そこにはもちろんLGBTQに関する取り組みも含まれます。しかし、17の目標のなかにそのことが明確に書かれた箇所はありません (**図表1**)。もっとも近いものは、5番目の目標である「ジェンダー平等を実現しよう。ジェンダー平等を達成し、すべての女性と女児 (女の子) のエンパワーメントを図る」だと思います。目標5は、「リプロダクティブ・ヘルス／ライツ」が中心的課題となっており、「性の健康」という課題としては、最小限のところしか入らなかったといえます。

「目標5のターゲット」(**図表2**) としていちばん最初に取り上げられているものは、「5-1すべての女性と女の子に対するあらゆる差別をなくす」です。次に、「5-2女性や女の子を売り買いしたり、性的に、またその他の目的で一方的に利用することをふくめ、すべての女性や女の子へのあらゆる暴力をなくす」、さらに「5-5政治や経済や社会のなかで、何かを決めるときに、女性も男性と同じように参加したり、リーダーになったりできるようにする」などが盛

図表2　目標5のターゲット

5-1	すべての女性と女の子に対する**あらゆる差別**をなくす。
5-2	**女性や女の子を売り買いしたり、性的に、また、その他の目的で一方的に利用することをふくめ**、すべての女性や女の子へのあらゆる暴力をなくす。
5-3	**子どもの結婚、早すぎる結婚、強制的な結婚、女性器を刃物で切りとる慣習**など、女性や女の子を傷つけるならわしをなくす。
5-4	お金が支払われない、**家庭内の子育て、介護や家事などは、お金が支払われる仕事と同じくらい大切な「仕事」である**ということを、それを支える公共のサービスや制度、家庭内の役割分担などを通じて認めるようにする。
5-5	政治や経済や社会のなかで、何かを決めるときに、**女性も男性と同じように参加したり、リーダーになったりできるようにする。**
5-6	国際的な会議※で決まったことにしたがって、世界中だれもが同じように、**性に関することや子どもを産むことに関する健康と権利が守られる**ようにする。 ※国際人口・開発会議 (ICPD) の行動計画、北京行動綱領とそれらの検証会議の成果文書
5-a	それぞれの国の法律にしたがって、**女性も財産などについて男性と同じ権利を持てる**ようにし、土地やさまざまな財産を持ったり、金融サービスの利用や相続などができるようにするための改革をおこなう。
5-b	女性が能力を高められるように、**インターネットなどの技術**をさらに役立てる。
5-c	**男女の平等**をすすめ、すべての女性や女の子があらゆるレベルで能力を高められるように、**適切な政策や効果のある法律**を作り、強化する。

「5-1」のように数字で示されるものは、それぞれの項目の達成目標を示しています
「5-a」のようにアルファベットで示されるものは、実現のための方法を示しています

ユニセフのウェブサイトから

り込まれています。

　これらはもちろん言うまでもなく大事なことです。ただ、ここでの中心的課題は「女性」と「女児（女の子）」の権利だということが確認できます。いわゆる女性の権利ということのみをもって「ジェンダー平等」は達成できるのか。特にLGBTQに関わる当事者やアライにとって、疑問が残る部分ではないかと思います。SDGsには、人間の性を考えるときに必要な「性の権利」という包括的な概念が「入らなかった」ことが確認できます。

　SDGsが策定された2015年に、私はILGA（International Lesbian, Gay, Bisexual, Trans and Intersex Association、国際レズビアン・ゲイ・バイセクシュアル・トランス・インターセックス協会）ASIAの、台北での会議に出席したのですが、そのとき初めてSDGsという言葉の説明を国連担当のメンバーから聞きました。国連に対してロビー活動をしていたLGBT活動家が説明のさいに、「敗北」という言葉を使ったのを印象的に覚えています。女性という概念だけでなく、あらゆる性をもつ人たちのための平等を入れたかったけれども、入れられませんでした。国際的に、さまざまな法制度を持つ国があり、**ソドミー法**などがある国もまだ多いなかで「入れられない」が、まだ現状なのです。想定されていないということとは違いますが、LGBTQの権利擁護に関しては「反対票」が世界にはまだ確実にあるということを認識しておくべきです。

　しかしこのことをもってSDGsは役に立たないということはありません。例えば目指すべき目標の1つ目は、「貧困をなくそう。あらゆる場所あらゆる形態の貧困に終止符を打つ」です。性別や性的指向による差別から、就労拒否があったり、就労条件が変わったり、業務の上でハラスメントに晒されるようなことがあれば、これらの達成は難しいでしょう。

　3つ目の目標は「すべての人に健康と福祉を。あらゆる年齢のすべての人の健康的な生活を確保し、福祉を推進する」。これはもちろん性自認や性的指向等を問わずに成し遂げるべきものです。「leave no one behind（誰一人取り残さない）」のですから。

　このように、LGBTQの権利擁護に関係する目標は他にもたくさんあります。言い方を変えれば、LGBTQの権利擁護というものは、

ソドミー法
　「自然に反する」というような婉曲的な表現によって特定の性行為を犯罪とする法律のこと。この法律が異性カップルに適用される例は稀で、ほとんどが同性間の性行為に対しての適用であり、主に同性愛者等への実効的な差別をもたらしているとされる。

1つの目標だけで達成できるものではないということです。多様な性のありようをもつそれぞれの人たちの、それぞれの生活ごとの課題を解決していく。ある意味では、LGBTQの相談を受けることと同じなのではないでしょうか。LGBTQ相談というのは、とても幅の広いものです。

50年経っても「まずは女性から」

MDGsやSDGsなど、国際社会からの要請を受ける形で、日本でも、「女性に対する暴力をなくす運動」が行われています。内閣府のウェブサイトには、2001年に男女共同参画推進本部で決定された文書「『**女性に対する暴力をなくす運動**』について」が載っています。20年が経っても、女性に対する暴力に関しての情報は変わっていません。

LGBTQを含め、どのような性をもつ人に対しても、DVや性暴力はけっして許されるものではありません。そのことをわかっていながら、60年代の「リプロダクティブ・ヘルス」から50年以上の時を経て、「まずは女性から」「特に女性に対する暴力について早急に対応する必要がある」と記載され続けています。それは、普遍的な問題である一方、「効果が出ているか」を図るべきときですし、転換が求められるときなのではないかと思います。

日本では、DV防止法（「配偶者からの暴力の防止及び被害者の保護等に関する法律」）が2001年に制定されました。この法律の冒頭に「配偶者からの暴力の被害者は、多くの場合女性であり」とあります。それが事実であっても、暴力被害に遭った人は、自分が被害にあった事実のほかには、どの性の被害が多いかなどの情報は必要としていません。当事者にしてみれば、被害は相対的な数で重さを測ることなどできないのです。

例えば、ゲイ男性やトランスジェンダーが被害に遭ったとき、自分の被害は珍しいものだからサポートがなくても仕方ないと思わなければならないということはありえません。当事者にとっては必要のない情報ですらあります。女性に対する暴力というだけでは暴力の全体像が見えてこない。そこから除外される、被害に遭った人たちを生み出してしまうということもあります。繰り返しになります

「**女性に対する暴力をなくす運動**」について
（2001年6月5日、男女共同参画推進本部決定）
「夫・パートナーからの暴力、性犯罪、売買春、セクシュアル・ハラスメント、ストーカー行為等女性に対する暴力は、女性の人権を著しく侵害するものであり、男女共同参画社会を形成していく上で克服すべき重要な課題である。本来、暴力は、その対象の性別や加害者、被害者の間柄を問わず、決して許されるものではないが、暴力の現状や男女の置かれている我が国の社会構造の実態を直視するとき、特に女性に対する暴力について早急に対応する必要がある。この運動を一つの機会ととらえ、地方公共団体、女性団体その他の関係団体との連携、協力の下、社会の意識啓発など、女性に対する暴力の問題に関する取組を一層強化することとする。また、女性に対する暴力の根底には、女性の人権の軽視があることから、女性の人権の尊重のための意識啓発や教育の充実を図ることとする」（内閣府ウェブサイトから）

が、「leave no one behind（誰一人取り残さない）」とは、どういうことなのか、私たちは考える必要があります。

性別二元論と家父長制

　女性に対する暴力を終わりにするための取り組みを進めるなかで明確になってきたことを確認してみましょう。まず、女性への暴力が容認される社会構造は何かというと、基本的な２つの要因は性別二元論と家父長制です。社会には２つの性別（男と女）しか存在しないというのが、性別二元論です。すべての人は男女どちらかに分けられ、かつ社会において男性としての性別の付与がより優位なものとされています。特に、家父長としての男性が最も「偉い」存在であり、女は男より劣ったものとみなされる構造がある。いわゆる家父長制という仕組みです。そのなかで就職差別、賃金格差があり、家事労働が労働として認められず、女は社会的な生産性がないという認識も蔓延し、女性への暴力のハードルは着実に下がってしまっています。どの国でも性別二元論と家父長制は女性への暴力の２トップ（two top）の要因です。私たちは性別二元論や家父長制に反対していかなければいけない。これは明確なことです。

マイノリティはより暴力に晒されやすい

　さて、性別二元論や家父長制ゆえに暴力被害に遭っているのは女性だけでしょうか。

　60年代には女性たちはリプロダクティブ・ヘルス／ライツの概念を獲得し、産むか産まないは自分が決めるのだ、自分がコントロールしていいのだということを言葉にして声をあげ始め、各地でジェンダー平等を推進してきました。その過程で私たちは、ジェンダーは２つだけでは語れないことに気づきました。シス・ジェンダー、ヘテロ・セクシュアルの女性／男性以外の人たちもこんなにいたのだとわかった。文化的にも、例えば**ヒジュラ**や**トゥースピリット**などをはじめ、文化的にもさまざまな性のありようが実際にすでに存在していることが、国際社会の常識になりました。ジェンダーに基づく暴力、差別があることがわかりました。そして、LGBTQが性暴力被害に晒されやすいことも、わかりました。です

ヒジュラ (hijra)
　インドをはじめとする南アジアの一部において、男性・女性ではなく「第三の性」とされる人たち。両性具有の状態である人や、医療的に男性の性的特徴をもつ人であることもあり、信仰上の通過儀礼として去勢手術をすることもあるが必ずしもするわけではない。主に女性装をし、文化的には聖者として宗教的な儀式や、芸能にも関わってきた。

トゥースピリット (Two-Spirit)
　北米のネイティブ・アメリカン、先住民の多くの部族の中で伝統的に見られる男性と女性両方の精神をもつ人たちのこと。言葉自体は90年代にできたものだが、その役割、ありようなどは歴史的にとても長く、それぞれの部族において特徴は異なりつつ続いてきている。

から、性別二元論ではなく、広く性に関しての権利、健康を語る必要があるのです。だからこそその「性の権利」だと思います。

LGBTQに関する重大な課題としては、LGBTQをインクルード（包摂）する形での制度、サポートがないということです。そのなかで、子どもを産まないLGBTQには「生産性がない」と政治家が発言したり、トランスジェンダー（MTF）は女性ではないという差別発言が蔓延したり、性暴力は女性だけが被る問題であって、男性の問題は性暴力を予防する責任のところで限定的に扱われるだけです。女性のみを対象とした法制度が構築されることによって、女性と女児の権利の保障と、子どもの権利保障とのあいだに狭間が生まれます。女性と女児、そして子ども以外の、男性やLGBTQとみなされる10代の若ものや成人における家族間暴力の被害については、被害者を保護する制度が設計されていません。特に男性の被害に関して、法や制度に狭間が生まれています。

LGBTIQAの性暴力被害率は性別違和のない異性愛女性たちよりも高いといわれていますが、人数的には少ないので、社会で認識されず、法律やサポート体制が整っていません。この状態は「まずは女性から」という認識を継続することに寄与してしまっています。少ないからといって、いないわけではない。枠組みのないなかで声をあげろという、当事者たちを酷使するようなやり方は、前時代的だと私は思っています。いることがわかっているなら、まず枠組みをつくるべきです。当事者がことさらに頑張らなければ権利を獲得できない時代は、もう終わりにしてもいいのではないでしょうか。

被害者支援をしている人の85％が、「性的指向または性自認のために、サービスを拒否されたLGBTQサバイバーがいた」と回答しているアメリカでの調査があります。日本国内においても、性暴力の相談員のなかに「男性からの相談は受けられません」「LGBTの方は専門のところで話を聞いてもらってください」と相談を断る人がいるのが実情です。私たちはそのように相談を断る団体と話し合ったり、抗議を行ったり、その時々でなんとか相談を受けてもらう、ということを続けてきました。

LGBTQの存在が可視化されるなかでは、暴力被害に遭いやすいことも知られるようになりました。しかし、具体的な暴力について

相談対応してくれる場所はあまり増えず、専門性が構築されているともいえません。この問題に関しては、LGBTQの団体が増えても、支援は広がっているとはいえない状況が続いています。そもそも、性暴力にあってもLGBTQはLGBTQで解決しろというのであれば、子どもは子ども、障害者は障害者、男は男……どれだけ細分化したらいいのでしょうか。

2 性暴力とはどういうものか

レイプトラウマ・シンドローム／性暴力に遭うということ

　性暴力被害に遭った人たちがどういう状態になるか、どういう影響があるかを4段階の指標にまとめた、レイプトラウマ・シンドロームをもとに説明します。

第1段階　急性期

　性暴力の影響によって、身体的な傷、パニック、緊張感、罪悪感、睡眠障害、過敏、無力感、倦怠感、恐怖感、屈辱感、怒り、恥、懐疑的や防衛的・無感覚症状などが生じ、アイデンティティの危機に晒されることがあります。医療的な面だけではなく、感情的・社交的な面からも急性で強烈、さまざまな心的苦痛を体験する時期です。被害直後だけでなく、被害から数年経ってからでもこの状態が起きる可能性があります。この段階を長く生き抜くことは、多くの人にとって難しいことです。

第2段階　否定

　実は存在する圧倒的な性被害の影響を、自分で「もう乗り越えた」ことにすることで現れる症状があります。自傷行為、摂食障害、性化行動、睡眠障害、依存症などの行動化です。それらは多くの場合、「問題行動」として扱われることが多いのですが、本人にとっては第1段階の急性期症状を何とか抑えたい、そうしないと生きていけないと思うからです。認識の有無にかかわらず、こうした行動化を起こすことで早く日常に戻りたい、という気持ちの表れともいわれま

す。それを無理やり止めたとしても、別の行動化や症状が出ること
もあるでしょうし、より見えにくいものとなってしまうこともあり
ます。どのような行動化も生き抜くための尊重すべき行動です。

第3段階　再構築と統合

　大きいショックと日常をすり合わせ、「影響はない。もう大丈夫」
と思おうとしていたが、「あった」と認めざるを得ない状態になる
ことがあります。被害を認めたらうまくいく、というようなことで
はなく、望む望まざるにかかわらず起きてしまう、フラッシュバッ
クやうつのことです。行動としては引きこもり、退学や退職、セッ
クスレス、怒りなどが起こります。怒りのコントロールが難しく、
「あのとき、なぜあんなことを言ったの」「あなたは何もわかってい
ない」「何もしてくれなかったじゃないか」など、人との関係性を
壊してしまうようなこともあります。自らの性のありように応じた
性的な部位の病気や腰痛、摂食障害が起きやすいともいわれます。

　この段階では、性別や性的指向の揺らぎが起きることもあるとい
われています。LGBTQに関する基礎知識を学ぶときには、SOGIESC
（性的指向、性自認、性表現、性的特徴）は、「生まれもってのもの」
とされることが多いと思いますが、性の健康・権利という視点では、
性は自己決定権のあるものです。そして、性暴力被害にあって性的
指向や性自認が揺らぐことは、あることです。

　例えば男性からの性暴力被害に遭った男性のなかには、「この被
害で自分はゲイになってしまうんじゃないか」と悩む人がいます
し、逆に「あの経験をきっかけにして自分はいまのセクシュアリ
ティになった」という人もいるでしょう。ポジティブな経験ではな
いことは明確ですが、性に関わる「良い印象」のもののみがSOGI-
ESCの決定に影響するとは限りません。そして、どのような影響
がそこに関与していようとも、自ら自由自在に決められるものでは
なく、そのすべてが何一つ間違ったものではありません。

　例えば、性被害に遭った女性が、男性が怖いということから男性
を回避する人生になるとしても、また、女性という自分の性を嫌悪
して、女性として生きるのをやめる人がいるとしても、それは否定
されることではありません。

この第3段階で起きる出来事に問題が大きいのは事実ですが、その被害があったことを認識し、それを癒しに変えていく時期でもあります。この段階はまた、一人で問題を抱えることが難しいので、誰かに助けを求めたり、セラピー、自助グループ、医療などにたどり着いたりしやすい、ある意味ではとてもパワフルな時期でもあるのです。

第4段階　トリガーによる想起

　性被害について、何らかのトリガー（ひきがね）やきっかけがあると、そのことを思い出すことがあり、そこに苦痛もあるけれど、自分でコントロールできるようになる、という段階です。被害現場の近くを通ったときや、加害者に似た人を見たとか、被害時に感じた匂いや感触に似たものに触れたときなどに思い出して辛くなることもあるかもしれません。辛かったり、苦しかったりすることはなくならないかもしれない。でも、「これは現実ではないのだ」と思うことができるかもしれません。

　性暴力被害の影響は段階を踏みますが、必ずしもすべての人が1から4へと進むというわけではありません。その過程で命が奪われることもあるかもしれません。あちこち揺れ動きながら、さまざまな心的な影響を受け、行動化があるなかで、少しずつ回復に向かうのだといわれています。

「ジェンダーにもとづく暴力」という概念を

　あらゆる性をもつ人たちが実際に被害に遭っています。LGBTQの被害率がより高いといわれています。レイプトラウマについての説明を前節で行ったのは、「女性は」と限定しなくても、性暴力について話すことができるということを確認するためでもありました。「リプロダクティブ・ヘルス／ライツ」の概念からではなく包括的に性暴力の話をすることは可能なのです。総じてあらゆる人が性暴力被害に遭っていて、性暴力はあらゆる人の課題なのですから、「女性は」ではなく、包括的にとらえるべきだと思っています。これは全体像での話であり、「特化する必要がない」ということではありません。

国連が提唱するSDGsの「leave no one behind（誰一人取り残さない）」はかっこいいコピーですが、「女性に対する暴力（VAW＝Violence Against Woman）」の枠組だけでは、特定の人を取り残してしまっています。「ジェンダーにもとづく暴力（GBV＝Gender Based Violence）」という概念への変革が求められています。

「VAWからGBVへ（女性への暴力からジェンダーにもとづく暴力へ）」という話をすると、「女性や女児に対しての暴力を矮小化する取り組みにならないか」と批判する人がいます。しかしジェンダーにもとづく暴力を受けている人数としては女性が一番多いことに変わりはなく、それをより包括的に見ていこうということなのです。取り残されていた人たちも含めて、性暴力被害を受けている人たちに対して、しっかりとサポートする体制、制度、法律をつくろうというのが「ジェンダーにもとづく暴力」という言葉の基本にあります。GBVは、もちろん女性も含めたあらゆる包括的なジェンダーにもとづく暴力に関しての概念です。LGBTQだけのことでは絶対にないことを覚えておいてください。

3 誰も排除しない、誰も取り残さない

「性の権利宣言」を読み解く

1999年に「性の権利宣言」が採択されましたが、当初は、性に関する基本的・普遍的な権利として掲げられた11項目からなるものでした。その後、改定が加えられ、いちばん最近のものを、**図表3**に示しました。

LGBTQをサポートする活動では、しっかり読み解いておいてほしいのです。1960年代以前から、70年代、80年代、そして1994年のカイロでの「国際人口開発会議」でも、1999年の「性の権利宣言」のときも、MDGsやSDGsにあたっても、**LGBTIQA**当事者やアクティビストを含め世界中で多くの人が、性の健康や性の権利に関して声をあげ続けてきました。しかし、SDGsに大枠では「リダクティブ・ヘルス／ライツ」の課題しか入らなかった。これを「敗北」と言った人がいたのは、LGBTQの課題を世界の大切な課題・

> **LGBTIQA**
> （L）レズビアン、（G）ゲイ、（B）バイセクシュアル、（T）トランスジェンダー、（I）インターセクシュアル、（Q）クエスチョニング（クィア）、（A）アセクシュアル

図表3 「性の権利宣言」(2014年)

1. 平等と差別されない権利
2. 生命、自由、および身体の安全を守る権利
3. 自律性と身体保全に関する権利
4. 拷問、及び残酷な、非人道的な又は品位を傷つける取り扱い又は刑罰から自由でいる権利
5. あらゆる暴力や強制・強要から自由でいる権利
6. プライバシーの権利
7. 楽しめて満足できかつ安全な性的経験をする可能性のある、性の健康を含む、望みうる最高の性の健康を享受する権利
8. 科学の進歩と応用の恩恵を享受する権利
9. 情報への権利
10. 教育を受ける権利、包括的な性教育を受ける権利
11. 平等かつ十分かつ自由な同意に基づいた婚姻関係又は他の類する形態を始め、築き、解消する権利
12. 子どもを持つか持たないか、子どもの人数や出産間隔を決定し、それを実現するための情報と手段を有する権利
13. 思想、意見、表現の自由に関する権利
14. 結社と平和的な集会の自由に関する権利
15. 公的・政治的生活に参画する権利
16. 正義、善後策および救済を求める権利

WAS諸問委員会で承認

ジョグジャカルタ原則（性的指向と性同一性に関わる国際人権法の適用に関する原則、2006年）

第1原則（以下数字だけ）人権の普遍的享受への権利
2. 法の下の平等と差別を受けない権利
3. 法の下に承認される権利
4. 生命の権利
5. 人身の安全の権利
6. プライバシーの権利
7. 恣意的拘束からの自由
8. 公平な裁判を受ける権利
9. 勾留中に人道的に扱われる権利
10. 拷問や残酷、非人間的、あるいは品位を傷つける扱いや処罰を受けない権利
11. 性的搾取を含むあらゆる搾取、および人身売買からの保護
12. 仕事を得る権利

目標としてしっかりと定めるために、長きにわたり声をあげ続けていたからこそだと思います。さまざまな公的な宣言が出されるたびに、こうした物語は繰り広げられています。

LGBTIQに特化する形での宣言としては、2006年7月、LGBTQのスポーツ文化イベント、ワールド・アウトゲームズ（World Outgames）で採択された「モントリオール宣言」（正式名称「レズビアン、ゲイ、バイセクシュアル、トランスジェンダーの人権についてのモントリオール宣言」）があります。この「モントリオール宣言」を踏まえ、同年11月、インドネシアのジョグジャカルタ市で開催された国際会議で**「ジョグジャカルタ原則」**（正式名称「性的指向と性同一性に関わる国際人権法の適用に関する原則」）が採決されました。各国で当事者やアクティビストたちが求め続けてきたものとは何なのかを知っておくのは、支援活動をする上でも必要なことです。「世界の」と分けて考えず、自分たちのこととして考えてほしいのです。

形づくられた文章を紐解いていくことは、「性の健康／権利」をただ字面でとらえるのではなく、その一つひとつに「顔」をつけていく作業です。SOGIによって刑罰の対象となる国がいまだに存在します。なぜこの言葉が必要なんだろうと思ったとき、これは「命にかかわる問題だからだ」ということを心底思えるかどうかが重要

です。

LGBTQの人たちが暴力被害に遭うリスクが高いことは先に述べましたが、これを解消しなければいけません。例えば、お茶の水女子大学がトランスジェンダー女性の入学を認めたことへの攻撃があり、日本では**TERF（ターフ）**が可視化され始めました。TERFを含めたトランス排除的な人々によるトランスジェンダーに対する差別発言は特別なことではありません。

私たちは教育の平等を求めているのです。あるいは、婚姻に関してもそうです。それぞれの「平等かつ十分かつ自由な同意に基づいた婚姻関係を始め、築き、解消する権利」（「性の権利宣言」より）を本来であればもっているはずです。当たり前のことなのに、私たちにはそれがない。それを求めるからこそ、こうした宣言や関連の文言に落とし込んでいるわけです。一つひとつがLGBTQの権利に結びつけられるものです。もちろん、他のあらゆる人の権利にもです。

この研修が、「性の権利宣言」や「ジョグジャカルタ原則」など、これまでみんなでつくってきたものに目を向けていただくきっかけになればいいと思います。

私たちの社会は多様性にあふれている

ミルトン・ダイアモンド（性科学者）の言葉を紹介して終わろうと思います。

"Nature Loves Variety, Society Hates It"（自然は多様性を愛するが、社会がそれを嫌悪する）。私たちの社会は常に多様性であふれています。それを嫌悪するのは社会の側です。多様性は本人たちがもつ特徴であり、解決しなければいけないことではない。本当の意味で誰も排除しない、誰も取り残さない社会ができていけばいい、それをつくっていければいいと思っています。

LGBTQの権利とは、特別な権利ではありません。「性の権利」とはLGBTQだけの権利の話ではありません。すべての人が持っている権利です。それが侵害されているから、当事者たちが声をあげているのです。LGBTQだけではなく、障害をもつ人、被差別部落に住む人、女性であるかもしれません。私たちはもともと、とてもバラエティに富んだ世界に生きているのです。

---

13. 社会保障およびその他の社会的保護措置を受ける権利
14. 充分な生活水準への権利
15. 好ましい住居を得る権利
16. 教育への権利
17. 到達可能な最高水準の健康への権利
18. 医学的乱用からの保護
19. 言論の自由と表現の自由の権利
20. 平和的集会と結社の自由
21. 思想、良心および信教の自由
22. 移動の自由の権利
23. 難民申請の権利
24. 家庭を築く権利
25. 公的生活に参加する権利
26. 文化的生活に参加する権利
27. 人権を促進する権利
28. 効果的賠償請求権および補償を受ける権利
29. 責任追及

TERF（ターフ）
trans-exclusionary radical feminist（トランスジェンダーを排除するラディカル・フェミニスト）の略。

ミルトン・ダイアモンド
（Milton Diamond、1934年-）アメリカの性科学者。ハワイ大学の解剖学、生殖生物学の名誉教授。

Lecture 12

精神疾患とメンタルヘルス

基礎知識と最新情報を概観する

柘植道子 一橋大学保健センター特任准教授

精神障害の診断と統計マニュアル(Diagnostic and Statistical Manual of Mental Disorders)

DSMはアメリカ精神医学会（American Psychiatric Association; APA）によって出版されている。記述精神医学であり、精神疾患のみを扱った操作的な診断基準を記している。現在は2013年に発刊されたDSM-5が使用されている。

疾病及び関連保健問題の国際統計分類(International Statistical Classification of Diseases and Related Health Problems)

ICDは、世界保健機関（World Health Organization; WHO）が作成する国際的に統一した基準で定められた死因及び疾病の分類。

DSMとの大きな違いは、DSMは精神疾患のみを扱っているが、ICDには精神障害のほか、身体疾患、妊娠、分娩などについても幅広く網羅しているところである。現在はICD-10が用いられている。約30年ぶりに全面改訂

セクシュアル・マイノリティの方々はそうではない人たちと比較し、うつ、不安を抱える率が高く、また、それ以外のメンタルヘルスの問題を抱えている方も少なくありません。そのため、相談業務を担う方はメンタルヘルスに関する基礎知識を備え、必要に応じた医師・医療機関との連携の重要性を理解しておくべきでしょう。ここでは、精神疾患の要点とセクシュアル・マイノリティのメンタルヘルスを説明する基礎的な理論や概念を簡単にご紹介いたします。ただここで紹介する内容だけでは不十分ですので、精神疾患やセクシュアル・マイノリティに関する理論を各自勉強し、補充していただきたいと思います。

1 精神疾患とセクシュアル・マイノリティ

近年、セクシュアル・マイノリティを精神疾患とみなすことはなくなりましたが、セクシュアル・マイノリティを精神疾患とみなしてきた数十年の歴史の影響をいまも受けているといえるでしょう。

精神疾患の診断には、「**精神障害の診断と統計マニュアル**」略して**DSM**と、「**疾病及び関連保健問題の国際統計分類**」略して国際疾病分類もしくは**ICD**が主に用いられています。DSMとICDのいずれも、同性愛そして性同一性障害を精神障害として扱ってきました。

図表1はDSMにおける同性愛・性同一性障害の分類の変遷です。DSMが最初に発行された1952年には、同性愛はパーソナリティ障害の一つ、社会病質パーソナリティ障害として扱われていました。1968年のDSM Ⅱ ではパーソナリティ障害のなかの「同性愛」

図表1　DSMにおける同性愛・性同一性障害の分類と診断名

「同性愛」の分類と診断名	DSM (1952)	「人格障害」としての「**性的逸脱**」（※「性的逸脱」に同性愛が含まれており、「同性愛」は独立した診断名ではない）
	DSM II (1968)	「人格障害その他の非精神病性精神障害」としての「性的逸脱」の中の「**同性愛**」（単独の診断名）
	DSM II 7版 (1974)	同上の分類であるが、同性愛を診断名から削除し、「**性的指向障害**」に修正
	DSM III (1980)	「性心理的障害」のなかの「**自我違和性同性愛**」
	DSM III-R (1987)	「性障害」のなかの「**特定不能の性障害**」
「性同一性障害」の分類と診断名	DSM IV (1994)	「性と性同一性障害」のなかの「**性同一性障害**」
	DSM IV-TR (2000)	同上の分類と診断名。「**性同一性障害**」
	DSM-5 (2013)	「性別違和」のなかの「**性別違和**」

DSMより筆者作成

という診断名が存在しますが、DSM IIの7版では「同性愛」という診断名は削除され、同じ診断コード（302.0）に「性的指向障害」が診断名として使用されました。

　「同性愛」が診断名として削除された背景には、セクシュアル・マイノリティが疾患でないことを裏づける研究の積み重ねと、社会運動としての1969年のゲイ・ライツ・ムーブメントの影響が大きかったといえるでしょう。DSM IIIでは、「自我違和性同性愛」という診断名に、1987年のDSM III-Rでは、「特定不能の性障害」に含まれました。明確に同性愛が精神疾患から消えたのは、1994年のDSM IVからです。数十年もの期間、同性愛は精神疾患として扱われていたことがお分かりいただけると思います。

　一方、性同一性障害は1994年のDSM IV、2000年のDSM IV-TRでは「性同一性障害」として扱われていましたが、脱病理化の流れで、2013年のDSM-5では「性別違和」に診断名を変えています。しかし、未だにDSMのなかに入っているため、障害としての扱いは否定できません。

　ICDは、DSMより網羅的で幅広い疾病がカバーされていますが、精神疾患の診断についてはDSMと大きく食い違うことはありません。**図表2**はICDにおける同性愛・性同一性障害の分類の変遷です。1949年のICD-6から精神障害が含まれ、1979年のICD-9まで「同性愛」として扱われています。ただし、ICD-9では「精神障害と考えられるかどうかにはかかわらず」という注意書きがされていま

I　支援の前に

II　支援の現場から

III　公的支援を使うために

IV　こころと身体

V　生活の場で

図表2　ICDにおける同性愛・性同一性障害の分類と診断名

「同性愛」の分類と診断名	ICD-6 (1949) と ICD-7 (1955)	病理学的人格のなかの**「性的逸脱」**（同性愛を含むとの記載）
	ICD-8 (1965)	性的逸脱のなかの**「同性愛」**
	ICD-9 (1979)	性的逸脱及び障害のなかの**「同性愛」** 「精神障害と考えられるべきか否かにかかわらず、同性愛をここに分類」との注釈
	ICD-10 (1990)	同性愛が診断名から外れる 性発達及び方向づけに関連する心理及び行動の障害のなかの**「自我違和的性指向」**に該当。「性指向自体は障害と考えられるべきではない」との注釈
「性同一性障害」の分類と診断名	ICD-8 (1965)	性的逸脱のなかの**「服装倒錯」**、**「その他の性的逸脱」** などに該当
	ICD-9 (1979)	性的逸脱及び障害のなかの**「服装倒錯」**、**「性転換症」**、**「性心理同一性障害」**などに該当
	ICD-10 (1990)	精神及び行動の障害の性同一性障害のなかの**「性転換症」**、**「両性役割服装倒錯症」**などに該当
	ICD-11 (2022)	「性保健健康関連の病態」のなかの**「性別不合」**（日本語仮訳）という名称に変更予定。体の性と心の性の不一致は、精神的な障害や疾患ではない

WHO (1994) 発行の「The ICD-10 Classification of Mental and Behavioural Disorders – Conversion Tables between ICD-8, ICD-9 and ICD-10」他を基に筆者作成

す。この背景には、先述の通り、1969年のゲイ・ライツ・ムーブメントの影響があります。そして、1990年のICD-10で初めて同性愛が項目から外れました。

　性同一性障害も、DSMと同じような変遷をたどっています。ICD-10までは精神障害でしたが、2022年に採択予定のICD-11から、「体の性と心の性の不一致は精神的な障害疾患ではなく、状態である」とされ、病態に分類されます。日本では「性別不合」という訳になるだろうといわれています。

　このように、同性愛・性同一性障害ともに脱病理化が進みました。ただし、気をつけていただきたいのは、同性愛は完全に精神疾患から外れましたが、性同一性障害は、体を心の状態に近づけていくために適合手術が必要であるため、診断名がつく病理であることを望もうとする動きもあります。脱病理化の流れがありながら、病理としての理解を望む動きも同時に起きているということは押さえておいていただきたいと思います。

2　精神疾患と分類

　本節では、精神疾患のうち、うつ、双極性障害、パニック障害、

PTSD、パーソナリティ障害、統合失調症の要点を取り上げます。精神疾患は非常に多岐にわたり、新しい情報も発表されますので、詳細についてはご自身で調べていただきたいと思います。読者のみなさんが精神疾患を振り返られるように、アクセスしやすく、信頼のおける厚生労働省の総合サイト「知ることからはじめよう　みんなのメンタルヘルス」より、抜粋や追加をしながらお伝えします。

① うつ病

　セクシュアル・マイノリティの方々は不安障害や**うつ病**を発症することが多いといわれています。一般に疾患としてのうつ病は一定期間うつの症状が継続し、苦痛や日常生活に支障が及んでいることが条件となります。うつ病の原因は明確ではありませんが、脳の病気や、薬の副作用、体の病気によってうつ症状を引き起こすこともありますし、環境によるストレスがうつを引き起こすこともあります。精神療法の有効性も報告されていますが、カウンセリングや相談に乗ることでうつ病を治せるとは思い込まずに、医療機関につなげることの重要性を忘れないでください。

　うつ病には次のような症状が含まれます。抑うつ気分がある、疲れているのに眠れない、何をしても楽しくない、イライラする、思考力が落ちる、自分が悪いのではないかと感じる、死にたくなったりする、など。医師以外は診断はできませんが、精神科につなげる目安として理解をしていただけたらと思います。

　一般にうつというと、「やる気がない」「落ち込んでいる」「眠れない」「食べられない」と思われることが多いですが、過食や過眠が起きることもあります。また、子どもはイライラが目立つこともあるため、憂鬱そうには思えなかったりします。そのためうつ病は一つの症状による判断ではなく、総合的な視点が重要となります。

　セクシュアル・マイノリティはうつ病の発症が非常に多いといわれていますので、支援者として相談を受けたときに、上述のような症状はないか、本人が苦しんでいないかを確認し、うつ病が疑われるようであれば、医者にかかるよう勧めていただきたいと思います。

　一般にうつ病には抗うつ剤が有効だといわれていますが、薬効が現れるまでには一定の時間がかかるといわれています。**プラセボ効**

「知ることからはじめよう　みんなのメンタルヘルス　うつ病」
https://www.mhlw.go.jp/kokoro/know/disease_depressive.html

プラセボ効果
　有効成分が含まれていない薬剤（偽薬、プラセボともいわれる）によって、症状の改善や副作用の出現が見られることを意味する。ここでは、抗うつ剤が効果を発揮していないのにもかかわらず（効果を発揮する前に）症状の改善などがみられることを意味する。

果で、短期間で症状が改善されることもありますが、通常、薬の効果が出てくるまでには一定の時間が必要です。そのため投薬直後であるにもかかわらず「薬が効かない」と不満をもらす方も出てきます。そのようなときには「薬の効果が現れるまでに2週間前後から1か月半ぐらいの時間がかかるらしい。薬の効きについては医者と相談するといい」などと対応されるのがいいと思います。それでも「いますぐよくなりたい」と相談者が主張されることもあるかと思いますが、残念ながら、うつ病をその瞬間で治すことは非現実的ですし、薬の効果が現れるのには時間がかかることを理解してもらう必要があります。

② 双極性障害

　双極性障害はうつ状態と躁状態（もしくは軽躁状態）を行き来する障害です。単なる気分の波である「今日は何となく調子がよくて今日はなんとなく調子が悪い」という軽いものではありません。

　双極性障害のうつ状態は、前述のうつ病の症状と同じ状態を指します。躁状態により双極Ⅰ型障害と、双極Ⅱ型障害が区別されます。双極Ⅰ型障害における躁状態とは、ほとんど寝ずに動き回り続ける、多弁で休みなくしゃべっているなど、強い躁状態を意味します。躁の状態は本人にとってはとても気持ちいいものです。さまざまなアイディアが次々に湧いてくるし、「あれもやろうこれもやろう」と意欲的になり、勉強も、仕事も精力的に取り組みます（理にかなっているか、もしくは効率的かどうかは別問題です）。気が大きくなるので、度を過ぎた買い物をしてクレジットカード破産してしまう、ギャンブルで多額の借金をしたり、法律に抵触したりするケースも見受けられますし、周りが振り回されるということも少なくありません。

　双極Ⅱ型障害は、Ⅰ型まではいかない軽い躁状態を伴います。周りへの迷惑の程度も軽く、多額の借金をしたり、自己破産したりするまでではありませんが、睡眠時間が短くても平気で、周りから見て明らかにハイだなと感じることがあります。人間関係も積極的になり、少し行き過ぎではないかという印象を受けることもあります。

　典型的な躁状態であっても、軽躁状態でも、本人が躁状態に気が

「知ることからはじめよう　みんなのメンタルヘルス　双極性障害（躁うつ病）」
https://www.mhlw.go.jp/kokoro/know/disease_bipolar.html

つかない、もしくは気づきにくいことはポイントとして理解しておくといいでしょう。軽躁状態や躁状態は当事者にとって気持ちがいいとか、物事がはかどるとして受けとめることが大半です。周りが振り回されて困っていることにも気がつきにくいものです。そのため、躁状態にあるときに当事者が自ら医療機関を受診しようとすることはまれだといえます。

　本人が受診の必要性を感じることがあるとすれば、うつ状態のときでしょう。うつ期に受診をすると、医師が本人の躁状態や気分の波の存在を把握できず、下がってしまった気分を上げるための抗うつ剤が処方されることがあります。抗うつ剤は気分を上げる効果が期待できる分、躁期には躁の状態をさらに助長してしまうので、留意が必要となります。経験的なところもありますが、躁状態の気分が上がれば上がるほど、うつ状態に入ったときの落ち込みがひどくなる傾向にあると感じています。うつと躁状態を繰り返し続けると病状が悪化し、うつ期のうつ状態がひどくなることがあります。そうならないためにも早めの治療が望ましいといえます。

　双極性障害は、抗うつ剤ではなく気分安定薬といわれる、躁状態とうつ状態の両方を押さえ、気分の波の幅が広くならないようにするものが処方されます。しかし、気分安定薬の服用を好まない双極性障害の方も少なくありません。「薬を服用したらいままでみたいな生産性がなくなってしまった」と、服用に対する抵抗を示す方も少なくありません。このような場合には、筆者は「躁状態の後にうつが来るし、そのつらいうつ状態を解消したほうがいいのでは」と提案するとともに、躁が極端であればあるほど、その後のうつの落ち込みもひどくなっていることも併せて伝えるようにしています。

　気分の波や躁やうつ状態を把握してもらうために、日々の気分や行動を記録することも提案します。躁やうつの状態を10段階評価で記録することで、気分の波が見えてきたり、具体的な行動と時間を併せて記録することで自分の無謀さに気づくこともあります。

③ パニック障害

　パニック障害は、不安障害の一つです。突然、動悸やめまい、吐き気、手足の震え、過呼吸などの発作が出ます。パニック発作で死

「知ることからはじめよう　みんなのメンタルヘルス　パニック障害・不安障害」
https://www.mhlw.go.jp/kokoro/know/disease_panic.html

ぬことはないといわれていますが、本人は過呼吸になったり、頭が
くらくらしたりするため、「呼吸できなくなるのではないか」「心臓
が止まってしまうのではないか」と死の恐怖に怯えて救急搬送され
ることもありますが、内科的な異常を見つけることはできません。

　パニック発作は一般的に繰り返し起きます。発作が起きると、「ど
うしてこんなところで起きたんだろう」「今度また起きるのではな
いか」と感じ、「予期不安」が引き起こされます。「また発作が起き
たらどうしよう」と怯えることにより、今度は外に出ることが困難
になることもあります。これが「広場恐怖」です。外に出ることが
ままならず、いわゆる日常生活が送れなくなることがあります。

　パニック障害や不安障害の症状を消失させるための心理療法も利
用されますが、抗不安薬も有効ですので、実際に受ける治療やアプ
ローチの手段については医師と相談することをお勧めします。

④ PTSD

　PTSD (Post Traumatic Stress Disorder：心的外傷後ストレス障
害) を発症した人たちは、強烈なショック体験、強い精神的ストレ
スが、こころのダメージとなって、時間が経ってからも、その経験
に対して強い恐怖を感じてしまいます。震災などの自然災害、火事、
事故、暴力や犯罪被害などが原因になります。症状としては、突然
そのときのことを思い出したり不安に駆られたりする、急な発汗が
ある、眠れない、悪夢を見る、食欲がなくなる等のほか、攻撃的に
なったり、イライラしたりすることも含まれます。

　強いストレス体験の後すぐにPTSDの症状を呈する人もいれば、
しばらく時間が経ってから症状が現れる人もいます。なぜいまごろ
になって恐怖を感じたのか本人もわからなかったり、周りの人も何
が起きたのか理解できなかったりします。

　DVを受けてPTSDを発症する方も少なくありませんが、セクシュ
アル・マイノリティのDV被害を把握することは容易ではありませ
ん。セクシュアル・マイノリティのDV被害者は、助けを求めても
セクシュアル・マイノリティのDVを理解してもらえないのではな
いかと懸念を持ったり、助けを求める際にカミングアウトをしなけ
ればならないのではと心配したりするため、支援を求める人たちは

「知ることからはじめ
よう　みんなのメンタ
ルヘルス　PTSD」
https://www.mhlw.
go.jp/kokoro/know/
disease_ptsd.html

ごく一部だと推測されます。一方DV加害者は、被害者のこのような懸念や心配を知った上で、つまり被害者が助けを求めないことを把握した上でDVを行っていることもあり、セクシュアル・マイノリティのDVの被害状況は想像以上に過酷であり、被害者はDV関係から抜け出すことは容易ではないといわれています。

⑤ パーソナリティ障害

パーソナリティ障害は、大多数の人とは違う反応や行動が顕著な精神疾患です。本人の属する文化から逸脱している、その文化で期待されていることとかけ離れているもののとらえ方、感情のコントロールを含めた言動、対人関係の持ち方が、一度や二度ではなく持続的に現れていることが特徴的といえます。このような広い意味でのパーソナリティ機能に特定の偏りがあるため、周りの人たちが「この人といっしょに社会生活を送ることが難しい」と感じることが少なくありませんが、本人も苦しみ、うつや不安など、ほかの精神疾患も併せて抱えることが多いといわれています。

パーソナリティ障害のタイプは、A群、B群、C群の大きく3つに分類されます。A群は奇妙で風変わりなタイプ、B群は感情的で移り気なタイプ、C群は不安で内向的なタイプです。パーソナリティ障害という診断が下されるのは18歳以上になります。子どものころからパーソナリティ障害の傾向を示すことが多いといわれていますが、18歳までは、成長の過程で行動特徴や対人関係の持ち方が変わる可能性もあるため、診断を下すことができません。

生きづらさを抱え、良好な人間関係を築くことが困難な方々、とくにB群と思われる方々への支援提供や相談対応は慎重に行う必要があります。B群に属するパーソナリティ障害を抱える方々は、辛い経験を重ねていくうちに、自身の感情、認知、発言や言動を客観的に見つめることが難しくなったり、他者に対する突発的な激しい言動や行動が見受けられたりします。「助けてほしい」とすがってきたのに、突然「あなたがそんな冷たい人だとは思わなかった」「こんな仕打ちを受けるなんて」などと相手を責めるような言葉を発することもあります。話している内容がコロコロ変わると支援者も心理的に振り回されるだけでなく、気がついたら相談者に訴えられて

「知ることからはじめよう みんなのメンタルヘルス パーソナリティ障害」
https://www.mhlw.go.jp/kokoro/know/disease_personality.html

いたなどということもあります。

　支援者としてかかわるさいには、私情を挟むのではなく、支援者としての立場を常に意識し、支援者の役割から外れないように、どのようなときもフラットで同じような対応を取るよう心掛けること、そして、客観的な事実に基づいた記録を残すことが重要だと考えますし、必要に応じて専門家に関わりや対応についての相談をする、複数人で関わるなどの工夫が必要でしょう。このような対応は相談者にとっても望ましい関わり方だと思われます。

⑥ 統合失調症

「知ることからはじめよう　みんなのメンタルヘルス　統合失調症」
https://www.mhlw.go.jp/kokoro/know/disease_into.html

　統合失調症は、脳のさまざまな動きがまとまらず、幻覚や妄想などの症状が出る精神疾患です。発症前にはなかった状態が現れる陽性症状と、発症前にあった状態が失われる陰性症状があります。

　陽性症状には、幻覚・幻聴、妄想などがあります。「自分の悪口をいわれている」「UFOに追われている」「スパイに追われている」「テレビやネットで自分のことがいわれている」という思い込み等です。本人には現実のように感じられてしまい、統合失調症の症状であることに気づくことは難しかったりします。陰性症状は、喜怒哀楽などの感情の起伏が乏しくなったり、全体的に活気がなくなりエネルギーが不足したりするような状態を指します。

　急性期には、家のなかをすごい勢いで走り回り、しゃべり続けたと思うと、長時間寝てしまうこともあります。「眠れたからよかった」ではなく、できるだけすぐに医療機関に相談をしていただきたいと思います。早期の治療が、回復を早くすると理解されています。

　統合失調症の発症の原因は解明されていません。明確なストレス因があるわけではありませんが、なんらかのストレスが関係しているであろうといわれています。統合失調症の学生で、実家に帰ると症状が消滅し発症前と変わらずに日常を送れるのに、大学に来ると症状が再び現れる方がいました。この学生に限らず自身が慣れ親しんでいるところに戻ると、症状が出なくなるケースは複数報告されており、また地方と比較すると都会の統合失調症の発症率が高いといわれています。最近は投薬による治療の他、オープンダイアローグという対話を用いた治療法も注目されはじめています。

3 LGBTとメンタルヘルス

　セクシュアル・マイノリティの方々のメンタルヘルスは一般によくないといわれています。メンタルヘルスが悪ければ希死念慮・自殺企図のリスクが高まることは想像に難くないと思います。**図表3**は、「大阪市民の働き方と暮らしの多様性と共生にかんするアンケート」の結果です（釜野他2019）。「生きる価値がないと感じた」「死ねたらと思った、または、自死の可能性を考えた」「自殺について考えたり、自殺をほのめかす行動をとったりした」「自殺を図った」のいずれの項目においても、レズビアン・ゲイ・バイセクシュアルは、シスジェンダーの異性愛者と比較し、明らかに高い数値を示しています。そしてトランスジェンダーはさらに高い数値を示しています。実際に亡くなった方々の人数は報告がありませんが、シスジェンダー異性愛者と比較しセクシュアル・マイノリティで自死数も多いことが推測され、セクシュアル・マイノリティのメンタルヘルスの問題の深刻さが見てとれるかと思います。

図表3　シスジェンダー・異性愛、LGB、トランスジェンダーの希死念慮・自死念慮・自殺未遂経験

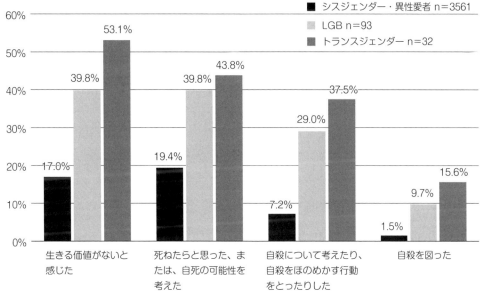

出典は本章末尾の「主要文献」釜野さおり他（2019）を参照

セクシュアル・マイノリティに関する暴力の理論モデル

　セクシュアル・マイノリティのメンタルヘルスに関する理論をいくつかごく簡単に紹介します。ディステファノ・鬼塚（2004）は、「2003年から2004年の日本におけるセクシャル・マイノリティ暴力についての理論モデル」を提唱し、暴力のおおもととなる文化の存在を指摘しています。父権社会であり結婚へのプレッシャーが存在する日本が抱える異性愛規範やジェンダー規範にそぐわないものとしてセクシュアル・マイノリティは理解され、スティグマ（偏見）を持たれてしまいます。また、もともと排他的な日本に「同性愛・トランスジェンダーは精神疾患」という西洋医学の見解が輸入されたこともセクシュアル・マイノリティに対する偏見を助長し、ホモフォビア（同性愛への嫌悪）を生みます。さらに暴力を容認する風潮が、偏見やホモフォビアの対象であるセクシュアル・マイノリティに対する暴力を引き起こしやすい基盤をつくり上げます。

　このように偏見、ホモフォビア、否定的な態度、暴力がセクシュアル・マイノリティに向けられますが、当事者であるセクシュアル・マイノリティはこのような暴力を含む否定的な態度やホモフォビア等を内在化し、「自分は偏見を持たれても、暴力を受けても仕方のない存在だ」と受け入れてしまいます。自身に対する価値を感じられないと、抵抗することも援助希求行動をとることも難しくなってしまうため、被害を受けているセクシュアル・マイノリティの実態を支援機関が十分に把握しているとは言い難いでしょう。

　そのため、もしセクシュアル・マイノリティが援助を求めたとしても、セクシュアル・マイノリティに対する支援可能な機関が限られており、支援や相談対応のための支援者教育がされていないため、有効な介入を期待することは現実的ではないかもしれません。セクシュアル・マイノリティが暴力の被害に遭い、また適切な支援を受けられない背景には、文化の要因があり、この根本的な解決を図ることの意味も支援者として把握しておくべきだと考えます。

ジェンダー・マイノリティ・ストレスモデル

　Hendricksら（2012）はジェンダー・マイノリティ・ストレスモデルを発表しました。このモデルは、①外的ストレス要因、②内的

ストレス要因、そして③レジリエンス要因が、④結果としてトランスジェンダーの精神健康と身体健康に影響を及ぼすことを示しています。少し詳しく説明をいたします。

　まず、①外的ストレス要因です。この要因には、ジェンダーに関連する「差別」・「拒絶」・「迫害」の経験のほか、「性的指向、性自認に対する非承認」が含まれます。ジェンダーに関連する差別・拒絶・迫害の経験には、「仲間外れにされた」「家から追い出された」「暴力を振るわれた」「カツアゲにあった」「罪人として扱われた」など例を挙げるとキリがありません。一方、性自認に対する非承認は、性自認ではなく戸籍上の性で扱われること、通称名で扱ってもらえないことなどを含みます。ほかの外的ストレス要因（差別・拒絶・迫害）と比較するとたいしたことではないと理解されがちですが、非承認も当事者の精神や身体の健康に大きな影響を及ぼすことを忘れないでいただきたいと思います。

　次は、②内的ストレス要因です。この要因には、「社会で受けたトランスフォビアの内在化」、「否定的な経験を予測」、「隠蔽」が含まれます。「社会で受けたトランスフォビアの内在化」は差別、迫害、拒絶・非承認の経験を繰り返すうちに引き起こされてしまうものであり、結果として自分は差別されても仕方ない、自分の存在を認めてもらえなくても仕方がないと感じてしまいます。

　内的ストレス要因である「否定的な経験を予測」はいままでに差別された経験から、これからも「人と関わるとまた差別されるのではないか」「否定されるのではないか」「拒絶されるのではないか」「自分が認めてもらえないのではないか」と思ってしまうことを指します。このような否定的な未来予測はストレスとなります。

　「否定的な経験」を避けるため自身の性自認を「隠蔽」することも可能ですが、「隠蔽」も内的ストレス要因です。「隠蔽」により性自認に関する嫌な経験を避けることは可能ですが、それは「自分らしくいてはいけない」「性自認を隠さなければならない」というメッセージになります。

　これらの外的ストレス要因、内的ストレス要因が、④結果として精神と身体の健康に影響を与えます。これらのストレス要因が引き起こす精神と身体の健康への負の影響の緩衝材となるのが、③レジ

リエンス要因としての「コミュニティとのつながり」であり「プライド」です。

　トランスジェンダーを対象とした本モデルですが、レズビアン、ゲイ、バイセクシュアルにもあてはめることができるでしょう。

　オンラインでのコミュニティも増え、いままでにない形でコミュニティにつながることもできるようになりましたが、セクシュアル・マイノリティの方々のアイデンティティ発達段階などを確認した上で、どのようなコミュニティにつなげるのが望ましいのか、もしくはコミュニティにつなげるのは時期尚早なのか見極めていただきたいと思います。

　そのほか、支援者には当事者たちがセクシュアル・マイノリティとしてのプライドを持てるような関わり方をしていただきたいと思います。プライドを持ってもらうことは容易ではありませんし時間もかかりますが、その重要性は理解していただきたいと思います。

マイクロアグレッション

　Sueら（2007）はマイクロアグレッションを「意図的・無意図的に、抑圧されたメンバーに向けられた、短くて、日常にあふれている、言語的、行動的、環境的な、敵意や軽蔑が込められた、侮辱や無礼などの冷遇」と定義しています。つまり、セクシュアル・マイノリティが受けている、ヘテロセクシズムや、シスジェンダー主義

主要文献
・アンソニー・ディステファノ、鬼塚直（著）、山本雅（翻訳）「日本のセクシャル・マイノリティに関する暴力についての研究報告：2003-2004のJLGBT調査に基づくまとめとすすめ」2004年
・厚生労働省（N/A）「知ることからはじめよう みんなのメンタルヘルス」https://www.mhlw.go.jp/kokoro/know/index.html（2021年8月18日取得）
・釜野さおり他『大阪市民の働き方と暮らしの多様性と共生にかんするアンケート報告書（単純集計結果）』JSPS科研費 16H03709「性的指向と性自認の人口学―日本における研究基盤の構築」研究チーム、2019年、http://www.ipss.go.jp/projects/j/SOGI/＊20191108大阪市民調査報告書（修正２）.pdf
・Hendricks, M. L., & Testa, R. J. (2012). *A conceptual framework for clinical work with transgender and gender nonconforming clients: An adaptation of the Minority Stress Model. Professional Psychology: Research and Practice*, 43(5), 460–467.
・Sue, D. W., Bucceri, J., Lin, A. I., Nadal, K. L., & Torino, G. C. (2007). *Racial microaggressions and the Asian American experience. Cultural Diversity and Ethnic Minority Psychology*, 13, 72–81.

に基づくとらえにくく、微妙な抑圧もマイクロアグレッションにあたると考えられます。

マイクロアグレッションは、「短くて日常あふれている」ものですが、肉体的な暴力と変わらないぐらいのダメージを与えるものです。ちょっとした表現や、「そんなつもりはなかった」「かわいがっているつもり」が、当事者を傷つけることになります。セクシュアル・マイノリティの方が、マイクロアグレッションについて相談してきたときには、支援者として「その人は悪いつもりでいったんじゃないんだと思う」や「たいしたことじゃないから忘れてしまうのがいい」などと返すのではなく、「傷ついて当然なんだよ」などマイクロアグレッションのダメージの大きさを理解し、受けたその傷の深さを理解するような言葉をかけてあげてください。

差別や抑圧の背景理解を忘れずに

セクシュアル・マイノリティは日々、文化規範にそぐわないことで他者から排除、差別、迫害など誰の目から見ても明らかなストレスを受けることもあれば、マイクロアグレッションに代表される明白とはいえない抑圧を受ける立場にも置かれているため、精神的な問題が引き起こされてしまうのも当然のことだとご理解いただけたかと思います。

セクシュアル・マイノリティの方々が支援を求めてきた際には、単なる「精神疾患」として理解対応するのではなく、背景、社会と対人関係における差別や抑圧など心身の健康をおびやかす要因の存在を理解した上で、関わっていただければと思います。

Q&A

Q これまで「精神障害の診断と統計マニュアル（DSM）」に誤った診断基準が掲載され、治療が行われてきました。こうしたことに対して、アメリカ精神医学会が反省や謝罪、補償をしているという事例はありますか。

A アメリカ精神医学会ではありませんが2019年にアメリカ精神分析学会が「LGBTQ＋コミュニティに対する謝罪」をしました。同性愛を病気として扱い、そのような理解がなされた原因にアメリカの精神分析家たちの関与があったことを認め、専門家として差別を引き起こし、トラウマを与えてしまったことに対し、謝罪をするというものでした。一方、日本の精神分析学会にはそういった動きは見受けられず、当然謝罪文や声明は発表されていません。

「発達障害」的特性を考慮したアセスメント

「こだわり」と「とらわれ」を整理する

山口 さとる | いちごLiving 施設長
臨床心理士

1 「発達障害」的特性とは

いちごLiving
2005年10月、世田谷区羽根木に開設されたグループホーム。「家族からの独立生活を目指す方に、練習の場を提供する」という目的に特化した、利用期限2年以内の完全通過型グループホーム。

　私は**いちごLiving**という精神障害者を主に対象とする世田谷区内のグループホームで施設長をしています。その臨床のなかから発達障害についてお話しさせていただきます。

　セクシュアル・マイノリティの方の相談を受けるさいは「発達障害」的特性の有無について、一度立ち止まって検討することが大事なのではないかと、日ごろ考えています。そういう考えの私なので、今回の講座に呼んでいただいたのだろうと考えています。

　「発達障害」的特性とはもって生まれた特性です。

　セクシュアル・マイノリティの方と出会って、そういう特性がある方がジェンダーの違和感にこだわり相談が長期化したり、困難化することが少なくないのではないかと考えています。もちろん、ジェンダーの問題を抱えている方で、「発達障害」的特性がほとんどない方はいくらでもいて、そのような方は、比較的相談のポイントは絞りやすく、困難を抱えていても相談を受ける側が頭を抱えたり、長期化・困難化することは、比較的少ないのではないでしょうか。

相談を受けることの目指すところは

　相談を受けるとはどんなミッションなのか。それは、来談者（相談を受けに来る人）の相談内容を整理したり、解決する方向の気づきを促したり、適切な助言を提案したりなどの対応をすることです。Lecture 3で述べられている「受容・共感」が大前提ですが、私の仕事は障害をもっている方の生活支援が中心なので、問題解決

へのプロセスを意識した内容になります。

　DSM-5という精神科診断マニュアルは「△△という特徴がいくつあれば、この人は○○の病気とみなす」という考え方で、精神科の医師は「足し算」で症状を診断し、統合失調症などと診断するのですが、私は来談者のアセスメントをする場合、「掛け算」で考えることが基本的なやり方としてうまくいくと考えています。精神科医となかなか議論が噛み合わないことがあったとき、なぜかと考えてみて、医師は「足し算」で見ているからではないか、と気づきました。

アセスメントの基礎となる考え方

　「掛け算」を図式化してみます。

| 生まれもった特性＝素質 | × | 生い立ちや生活体験≒環境 | ＝ | いまの考え方／いまの行動様式 |

　別のいい方もできます。

| この方はどんな特性の方か | × | どんな人生を送ったのか | ＝ | いまは□□のように困っている |

　例としてアディクション（依存症）の問題を「掛け算」で考えてみましょう。不適切なアルコール使用や違法薬物の使用、異常な食行動（**摂食障害**）は、長期的に見ればその方にとってマイナスです。しかし、生きるか死ぬかの瀬戸際まで心理的に追い詰められて、アディクション行動をすることで何とか自死しないで一晩やり過ごせたとしたら、短期的にはその方にとってはプラスである行動といえます。

　相談を受ける場合、本人に寄り添うためのツールとして、こういう素質をもった人がこういう人生を生きて、いまこれに困っているのだと「掛け算」で考えると、一見不適切だと思われる行動でも、その人にとっての意味が見えてくるのです。「この相談員はわかってくれない」と相談者が思ったら、関係は続かず信頼感も生まれません。

発達障害をどう考えるか

　DSM-5という精神科診断マニュアルには、「神経発達症／神経発達障害群」という章に、いくつかの診断分類が入っています。そのうち**ASD**、**ADHD**、**LD**という３つの診断名を発達障害として扱う

摂食障害
　いろいろな立場があるが、私はアディクションと考え、生活支援している。

ASD、ADHD、LD
　ASD（自閉スペクトラム症／自閉スペクトラム障害）、ADHD（注意欠如多動症／注意欠如多動性障害）、LD（限局性学習症／限局性学習障害）

のが現在は一般的です（**図表1**）。知的障害も発達障害ではないかという立場もあるのですが、私はこの考え方で臨床をしています。

　精神保健福祉において、私は障害をどう考えているのかをお話しします。その考えにもとづいて、発達障害と診断される方をどう理解していけばいいかをお伝えします。

　ASD、ADHD、LDの特徴を生まれながらもっている方に対して私は「発達障害」的特性をもった方と見立てることが多いです。○○病、○○障害という診断名は、精神科を受診して医師が初めてつけるものですが、日ごろの相談で、専門職が「この方が何らかの必要性があって精神科の医師の診断を受けたとしたら、発達障害の診断がつく可能性が大きい」と思われる方はたくさんいます。それを私は「発達障害」的特性といういい方をします。目安として私の皮膚感覚で示すと、偏りが強い、考え方が散らかっているなど強烈な個性を感じる方と相談場面で出会ったとしたら、「発達障害」的特性をもった方の可能性があると頭の隅に入れることは必要です。

図表1　発達障害診断の概要

　DSM-5に載っている成人の発達障害の特徴のなかから、臨床的によく見られる特徴を抜粋

●ASD（自閉スペクトラム症／自閉スペクトラム障害）

(1) 社会的コミュニケーションおよび対人相互関係反応の困難さ

　①情緒的な対人関係を持つことが苦手。相手と興味、情動、感情を共有することが苦手。②非言語的コミュニケーションが苦手。

(2) 特定の行動、興味、活動の様式を反復する

　①同一性への固執、習慣への頑ななこだわり、儀式的な行動の存在。②きわめて限定された対象に、きわめて強い興味を持つ。③周囲の環境や感覚刺激に対して敏感。または鈍感すぎる。

●ADHD（注意欠如・多動症／注意欠如・多動性障害）

(1) 多動性および衝動性

　(一般的に年齢相応に期待されるレベルではない。また社会生活、学業、職業等の場面で悪影響を及ぼすレベル)

　①同じ場所にとどまることを求められる場面で困難を感じる。②静かに遊んだり、余暇活動につくことが苦手。③じっとするのが苦手、エンジンで動かされているように行動。④会話で自分の番を待つことができない。相手の話を遮る。⑤しばしば他人を妨害したり、邪魔したり、口出しする。

(2) 不注意

　(一般的に年齢相応に期待されるレベルではない。また社会生活、学業、職業等の場面で悪影響を及ぼすレベル)

　①綿密に注意したり持続することが困難。不注意な間違いをする。②課題や順序を立てることが困難。整理整頓が苦手、時間の管理が苦手、締切を守れない。③課題や活動に必要な物をしばしば失くしたり、そのとき必要な日中活動を忘れてしまったりする。④何かの刺激が降ってくると、気が散ってしまう。

●LD（限局性学習症／限局性学習障害）

　下の6点を教科書的に挙げたが、これが全部重なっていたら知的障害を疑っていい。しかし一応発達障害という文脈でLDを考えるときは、全般的な知的な遅れはなさそうだけれど、ピンポイントで①から⑥のうちのどこかに際立った困難がありそうだと見るときに使う。

　①文字を読むことの困難さ。②文字は読めるが、文章の意味を理解することができない。③文字を綴ることの困難さ。④文章の文法や句読点を間違ったり、段落がうまくまとめられない。⑤数字の概念、計算をすることの困難さ。⑥数学的にものごとを推論することの困難さ。

HSPとは

　HSP（非常に感受性が強く敏感な気質をもった人）はもって生まれた性質の一つで、病気の診断ではなくDSM-5には入っていません。一言でいうと、生まれつき感覚が人一倍鋭敏で、外界からの刺激を強く感じて悩まされるということです。脳機能の不全がなく、感覚が人一倍鋭敏なだけの方はHSPという見立てでよいのかもしれません。しかし人一倍感覚が敏感で生きづらいこと以外に、脳機能の不全がある場合は、「発達障害」的特性をもっていると見立てるのが適切だと私は考えています。なぜなら脳機能不全の有無によって、専門職の支援方法が異なってくるためです。

　当事者から「私はHSPだと思うのです」という相談を受けることがあります。HSPという概念は障害とつかないので、当事者にとって受け入れやすいのはわかりますが、慎重に取り扱わないと間違います。精神科のなかで今後議論を深め、洗練していかなければならない概念です。取り扱いが難しいと思っています。

何をもって障害と定義するのか

　障害という言葉はDSM-5のなかにたくさん出てきます。何の訳語かというと**Disorder**です。新聞など一般的なメディアでは障がいと書くことが多いのですが、精神科の診断ではそういう使い方をしません。私も専門職である臨床心理士として「がい」とひらがなで書くことはありません。「そもそも障害ってもって生まれた特性なのになぜ『害』なのですか」という質問を受けるのですが、害という漢字は使っているけれど、障害は一つの熟語であって、害ではないのだということをきちんと説明した方がいいのではないかと思います。

　もって生まれた特性によい悪いはなく、そういう考え方を持ち込んだとしたら、**優生思想**につながり人権に反します。「発達障害」的特性という生まれもった性質だけでは病気ではないのです。

　精神科治療が必要になったとき、発達障害の診断がなされる可能性が大きい方のことを、「発達障害」的特性と私はいいたいのですが、障害という言葉がつくために誤解を受けることがときどきあります。これまで障害をどう考えるかをていねいに説明してきたつも

Disorder
　Disorderという言葉を、英語が専門でない素人なりに考えると「機能不全」である。disは否定の意味で、order（機能していること）は例えばout of order（故障中）などのように使われる。Disorderを「機能不全」という日本語にすると、臨床的にもしっくりする。例えばパーソナリティ障害という言葉があれば、その人のパーソナリティがうまく機能していないという意味で、Personality Disorder（人格的な機能不全）とした方がしっくりする。

優生思想
　命に優劣をつけて選別する考え方。ナチスドイツが障害者に不妊手術をしたり、大量殺戮をする思想となった。日本では旧優生保護法の下で不妊手術が強制されるなどの人権侵害が起きた。

りでしたが、それでもあるとき「あなたは差別主義者ですか」という趣旨の感想をいただきショックを受け、もっとていねいに説明しなければダメだと反省しました。

　何をもって障害と定義するのかには、いろいろな考え方がありますが、私は「継続的に専門職の援助を必要とする」状態を障害状態、障害と定義しています。いまの**福祉サービス**も制度的にそういう考え方です。精神障害は、障害を卒業することが起こり得るという考え方で行政的にも動いており、私の考え方はそれに沿っているのではないかと思います。

日常生活上の困難さの現れ方の違い

　コロナ禍でストレスのある状況においては、「発達障害」的特性をもった方は不適応を起こしやすいと、日ごろ感じています。不適応を起こせば人間はストレスを抱え、精神科治療を必要とすることはしばしばあります。薬だけで大丈夫な方はいいのですが、もう少し専門的な援助が必要な状態になる方も少なくありません。何年か援助を継続したのち、「もう援助は必要ない、薬だけ飲んでいればいい」とまで回復したら、障害状態は卒業です。ただし、もって生まれた特質は基本的に変わりません。その後精神科の診断を受ける必要があったときに発達障害と診断される可能性はあるという意味で、「発達障害」的特性はもっていると私は考えます。

　私が尊敬するある精神科医は、講演会で「統合失調症を発症している方の生育史などを見て細かく分析していくと、半分以上のかなりの割合で、『発達障害』的特性をもともと生まれもっている方がいる」とおっしゃっていました。私も長年の臨床的経験からもそうだと思っていたのです。統合失調症という診断なのだけれど、もともと生まれもって「発達障害」的特性があるから、病気が複雑化、困難化するということを、そういう考え方をしない精神科医と議論してきた経験から思っています。不適応な状態に陥ったときに、日常生活上の困難さの現れ方が、「発達障害」的特性をもっている人といない人では違うのです。医師の診断名は、いま起きている主要な症状に対して「足し算」でつけますが、この方がどんな方なのかそもそもから見立てるときは、「発達障害」的特性があるのかない

福祉サービスの制度
　精神障害者の方の障害者年金は2、3年ごとに診断書を出して更新する。その人の障害状態が改善したと診断が出れば、障害者年金がいったん止まる。グループホームのサービスを受けるときに、障害福祉サービス受給者証が発行されるが、それも2、3年で更新となる。

のか、専門職として頭におくことは必要だと考えています。

2 生きづらさは何に由来しているのか

　ジェンダーの悩みは四六時中苦しむテーマであり、「一刻も早く解決したい」と思うのは人間として自然なことで、本人にとっては強烈で深刻です。私はトランスジェンダーでMTFの当事者、元男性です。48歳で性別適合手術をしました。昔の自分を思えば、目覚めている間ずっと性別違和感が続くので、その苦しみはよくわかりますし、だから相談に来ているのです。しかし、ジェンダーの苦しさだけでこの方は生きづらいと思っているのだろうかと、私はいったんは立ち止まります。

　発達障害に由来する生きづらさとは何でしょう。「発達障害」的特性はもって生まれた特性なのですが、社会生活や対人関係で支障がなければあまり困りません。重度でなければ、ときどきトラブルがあったり、生きにくさがあったとしても、その問題が解決すると忘れてしまいます。特に専門職との間に、「発達障害」的特性が生きづらさの一つの要因だという話し合いができているケースの場合は、「自分は対人関係がうまくとれない、偏っているけれど、まあ、いいか」という程度で終わります。

　援助者が来談者の相談を受けたときに、まずは相手の話を聞いて、「この人は話を聞いてくれる。信用していいのだ」という関係をつくらなければいけません。しかし、相談がひと段落したら、ジェンダーの問題だけなのか、生きづらくさせている思考様式や行動様式はないのか、援助者は一度立ち止まる必要があると思います。もしそれがあると援助者が感じたら、もって生まれた特性、「発達障害」的特性があるのかないのかを検討した方がいいと思います。

「こだわり」

　人間を生きづらくさせてしまう行動様式として、「こだわり」と「とらわれ」はクローズアップしていいと考えます。「こだわる」ことはどんな場面でも問題になるわけではありません。「こだわる」

ことができる職人気質の人がいなければ、芸術や完成度の高い製品は生まれません。これは、「こだわる」特性が本人の自尊心や有用感を高め、社会的にも承認されるという文脈で作用するからです。

　セクシュアル・マイノリティについて勉強されている方はわかると思うのですが、ジェンダーは100人いれば100通りで、これが決まりだという答えはないはずです。しかし完成形があるかのごとくこだわり、現実がその通りにいかず悩む方が多くいます。私の場合は、「男でも女でもない体になったけれど、まあいいか」と結論して楽になりました。不完全で欠陥ばかりだとこだわり続けたら苦しいと思います。

　日本の社会状況のなかでは、ジェンダーに固定観念を持ち込もうとする人が多いので、自分のジェンダーにこだわり続けると悪循環になり、苦しさを強めてしまうこともあるでしょう。

「とらわれ」

　「こだわり」とある意味表裏一体ですが、「とらわれ」について検討したいと思います。よく心の問題で「トラウマ」という言葉を聞きます。「心的外傷体験」といいますが、わかりにくいので、日常用語でいい訳語がないか考えたところ、同僚が「とらわれ」という言葉を提案してくれて、私の職場ではこの言葉をよく使います。

　「発達障害」的特性をもつ人が、なぜとらわれてしまうのか。「発達障害」的特性をもつ方から「過去のネガティブな体験が映画のワンシーンのように鮮明に残ってしまう」という相談が多いのです。過去のネガティブな体験につながりそうな出来事に出合うと、いま起きていることを差し置いて、過去の辛かった体験に心がタイムスリップするような状態になってしまい、目の前の状態にうまく対応できなくなる場面を、私はしばしば見ています。

　ADHDの方は約束の日時を間違えやすい特性をもっています。約束の相手は正直に謝れば「しょうがないよ」と言ってくれる心の広い人なのに、嘘をついて喧嘩になり、私が仲裁に入った友人がいました。精神科の受診を勧め、いまはADHDの診断がつき治療薬を服用しています。その友人は、「過去に激しく叱責された記憶に引っ張られてしまって、何とかカバーしようと反射的に嘘をつき通

してしまった」と話していました。

　次の事例は、ADHDとASDの両方をもっていて、ADHDの衝動性も非常に高い女性です。ご両親も苦労して育てるなかで、ご本人には心的外傷になってしまった体験がありました。いまは両親とはまずまずの人間関係を築いているのですが、不安定になると過去の外傷体験が脳に映写されてしまい、「あの親は何だ。あいつが間違って育てたと世間に知らせるためには、自分が犯罪を起こして復讐するしかない」と相談に来るのです。「気持ちはわかるけれど、あなたが犯罪を起こして復讐することで、どんなメリット、デメリットがあるか、冷静に立ち止まって考えよう」と話しました。

　相談場面で、過去のネガティブ体験の「とらわれ」や、現実的には実現困難なレベルの「こだわり」が見られたとき、援助者は立ち止まって「この方に『発達障害』的特性はないのか」と見通しを立てることは有用ではないかと思います。

　「発達障害」的特性をもつ方は、同じ行動を繰り返しやすい特性があります。生きやすく行動できるようになるには数年以上かかることがあります。「こだわり」とも関連するのですが、興味関心が狭いことは、別のいい方をすると、ストライクゾーンが極端に狭いのです。本人のストライクゾーンに合うコミュニケーションがとれないと、コミュニケーションが進まないのです。そこを見つけるためには試行錯誤です。100点満点の解決は難しい世の中ですが、どこかに妥協点がないのかとお互い話し合っていくことが重要です。

困りごと整理表をつくってみよう

　一つの提案ですが、「困りごと整理表」をつくり、紙に書いて話し合うと、考え方が整理されると思います。発達障害と診断が出ているとか、「発達障害」的特性があると自覚している方へのインタビューのなかで、困りごとの事例を引き出して作成してみました（**図表2**）。

　要因に関しては、一般論としての可能性を私が考えるもので「仮説」と書きました。この通りでない要因はいくらでもありますので、ご本人と話し合って聞き取ってください。解決方法は話し合うなかで埋めていってほしいのです。

図表2　困りごと整理票

	困りごと	困りごとが起こる要因（仮説）	じゃあどうしたらよい？
1	自分の思い通りにいかないことが多い。不完全燃焼感に悩まされている。	こだわりが強すぎる／完璧を求めすぎる。	
2	あれもこれもやりたいのにうまくいかない。「わけがわからない」となりがち。	マルチタスクが苦手。情報処理がうまくいかずに思考がフリーズしやすい。	
3	物を被害的に考えがちになる。	過去に傷ついた、失敗した体験が沢山積み重なっている。	
4	約束の時間を守れない。時間の観念が弱い。	諦める・手放すことが苦手。優先順位をつけるのが苦手。	
5	他の人は気にならない物音が気になる。	生まれつき人一倍敏感な感覚をもっている。	
6	物事の焦点を絞るのが苦手。	①気になることが多すぎる。②すべてを完璧にやりたいという思いが強すぎる。	
7	言葉のあやや、言葉尻がものすごく気になってひっかかってしまう。	①抽象的な言葉のニュアンスを汲み取るのが苦手。②物事の細部に気を取られて、全体をつかむのが苦手。	
8	思いついたことを、よく考えずに話したり行動したりしてしまう。	①生まれつき衝動が強い特性をもっている。②対人関係の文脈をつかむのが苦手。	
9	部屋の片づけが苦手。	①何をどこから手をつけたらよいのか見当がつかない。②一つひとつの物が気になってしまい、何を捨てたらよいかわからない。	

3 「発達障害」的特性とどうつきあうか

　「発達障害」的特性をもつ方は、ある意味ハイリスク・ハイリターンなのではないかと思います。私自身もASD的特性が強いと思いますし、子どものときはADHD的特性があり、いままでカバーされてきたけれど、50代半ばからADHD的ミスが増えており、もともとの特性がカバーし切れなくなっているのかと思います。

「発達障害」的特性をもっていないか検討する

　女性の身体をもって生まれて性別違和を抱える方には、私の経験上は、論理的思考や数量的思考が優位な方が多く、女性集団におけるあいまいな対人関係を苦手とする方が多いと思います。もちろん全員ではありませんが、こういう特性は発達障害の特性とかなり重なります。特にASDに関しては、左脳優位の問題があると仮説を唱える研究者もいるので、重なるのです。セクシュアル・マイノリティの方のなかには、もしかしたら「発達障害」的特性があるかも

しれないことを、頭の隅に入れることは有効でしょう。細部にこだわって苦しくなることに関して、もしかしたら「発達障害」的特性があるかもしれないという、見通しを一つの仮説としてもつのは必要だという考え方です。

ただ、ジェンダーへの違和感があっても、「私、男でも女でもないと思うのだけれど、とりあえず体は女だから、体を変えるのも大変だし、まあいいか」という方は結構おられるとも思うのです。

相談場面において「見立て」「見通し」をもつ

「発達障害」的特性をもつ人が、見通しが立たずに場当たり的な行動や衝動的な行動をとってしまう悪循環がよくあります。

対人援助職のミッションは長期間にわたり関わり続けることだとよくいわれます。対人援助職がバーンアウト（燃え尽きること）しないために、来談者との関わりに見通しを持てることが絶対に必要です。そのために、私の職場でもよく職員間で事例検討をしたり、障害福祉サービスで「ケア会議」といういい方をするのですが、本人と本人を支える関係者でディスカッションします。

相談を受けるさいに「発達障害」的特性の有無を検討することは、関わりについての見通しをもつことの一助になるでしょう。「あなたのこういう苦しさはこのへんが肝なのですね」としっくりいくと、「この職員はわかってくれる」と信頼感の熟成につながります。

100％クリアな解決はないのでは？

最後に当事者としての私の体験をお話しします。

私は5歳のときから性別違和は抱えていたのですが、大学時代からトランスジェンダーであると自覚し、28歳のときから数年間臨床心理士の方のカウンセリングを受けました。「性同一性障害に関する診断と治療ガイドライン」（日本精神神経学会）に沿った治療を埼玉医大で受けている間も、「男でも女でもない身体に改造されて、それで本当にいいのか？」と悩んでいました。「ほかに選択肢はない。このままでは人生行き詰まるし、やむにやまれぬ選択なのだ」と自問自答を繰り返していました。一つひとつステップを踏み、最終的にはやむにやまれぬ選択として性別適合手術を受けたのです。

お勧めの生き方
①スペシャリストとして生きる。興味関心、得意分野を中心とした生活をする。
②自分の特性を生かした活動を探して行う。
③自分には能力や興味関心にバラつきがあることを自覚し、できないことに焦点を当てずに、「何なら少しでもできるか」と考える。
④困りごとがあったときに相談できる相手をたくさんつくる。

社会に対して望むこと
①人間の多様性を認める社会になること。
②多数派が考える標準コースではない生き方も正当に評価すること。やり直しのできる社会になること。
③むやみに同調圧力をかけることをやめること。
④学校教育で精神疾患や「発達障害」を学ぶ時間をつくること。

ところが性別適合手術の麻酔から覚めて、洗面所の鏡の前に立ったとき、「男でも女でもない体になっちゃったけれど、まぁいいか」という自分の心の声が聞こえて、目の前にはこれまでの人生で見たこともない、穏やかな笑顔をたたえた自分の顔が映っていて、びっくりしました。「男でも女でもない不完全な体に対して、死ぬまで不全感を持ち続けて葛藤するのだろうな」という手術前の予想と、

Q　ご自身で「発達障害」と名乗られて、長期にわたり精神科を受診しても改善しない方の相談を受けています。生育歴を見たりもしていますが、ある精神科医から、虐待を受けた生育歴の方は「発達障害」的な問題を起こすことがあるので、そこの見立てに気をつけましょうという話がありました。どうお考えでしょうか？

A　私は成人の「発達障害」的特性をもつ方に関わっていますが、ご両親からの情報がない場合、遡る形でアセスメントをするしかないことが多くあります。
　虐待を受けて育った方の生きづらさを列挙していくと、生来「発達障害」的特性をもっている方と、生来もっていない方では、どちらも現れ方は「発達障害」的ではあるのだけれども、現れ方が微妙に違っていることも多いです。
　いま現れている「発達障害」的生きづらさは生来の特性である可能性が高い、あるいは、もともとはそういう特性をもっていなかったけれど、虐待環境の結果こういう特性になっているなどと、「掛け算」で考えればいいのです。私たちが生活支援をするときは、グループホームだけではなく関係機関と連携し、本人も交えながらディスカッションしていき、少しずつ結論を出していくしかないというのが私の考え方です。

Q　アセスメントにおける「足し算」と「掛け算」との実質的な違いの具体例を教えてください。

A　それには「足し算」の弱点をお話すればいいと思います。統合失調症の例がわかりやすいでしょう。
　例えば、ある特徴的な症状がいくつか出れば統合失調症だと診断されます。「幻聴に四六時中悩まされている」という人にはまず、幻聴に効果のある向精神薬を使うことになります。そこで、幻聴にこだわり続けている人と、薬が効いてくれば「現状に違和感はあるけれど、まあいいか」という人がいたとします。こだわり続けて本人の苦しさが取れないときに、その人がもって生まれた「発達障害」的特性、例えば感覚過敏やこだわりの強さを考慮しないと解けてこないことがあります。
　下から積み上げて見るか、上から探っていくか、アセスメントの流れが違うといえばいいでしょうか。精神科診断マニュアルには、「もって生まれた特性に配慮する」ということは一言も書いていないのです。そこが私が精神科医と噛み合わないと思うところです。

Q　摂食障害がある方が何度も電話相談にかけてくる場合、「発達障害」的特性があると考えた方がいいでしょうか。

A　援助者が見通しを持つとバーンアウトしにくくなります。なぜ私が「発達障害」的特

まったく異なる展開が待っていて、自分のことながら驚いたのです。

　私はASDの特性がかなり強い人間であり、完全さを求めるメンタリティを生来もちあわせているのですが、「まぁいいか」という腹八分目のような心持ちが人格の安定をもたらすのだという、自分として非常に大きな体験をしたことを、当事者としてお伝えしたいと思います。

Q&A

性について繰り返し話すのかというと、そうした生来の特性をもっているから、本人が細部にこだわり納得せず同じ相談が続くのだという見通しを持てれば、相談を受ける側もストレスが下がるからです。

　アディクションの問題は、本人がわかっているけれど止められないという難しさがあります。「発達障害」的特性がベースになったアディクションと、そうでないアディクションの両方があり得ます。そして、相談を重ねるなかで本人が落としどころに近づいていく場合もあるし、堂々巡りをしている場合もあります。援助者がストレスを抱えないために、長期化するのは仕方ないと見通しを持つ一つの材料として、「発達障害」的特性について考えるのだとご理解ください。

Q　「発達障害」的特性の障害という言葉をとらえて、「（その言葉を使う）あなたは差別主義者ですか」という感想があったと話されました。どう答えますか。

A　その方がなぜ差別主義と感じたか、ディスカッションしたかったです。説明が不十分であれば補足したいので、それができなかったのが残念です。

　一つの仮説ですが、「サービスの提供／サービスの受け手」の関係を考えてみましょう。鉄道の例でいうと、鉄道会社はサービスの提供者で、サービスの受け手である私たちは切符を買って乗ります。「運賃が高い」という

人には、「乗りたくなかったら乗らなくていいです」と鉄道会社はいえます。これはサービスの提供者の方が受け手よりも強い力（権力）があるということだと思います。この構造は「治療者／患者」関係にもいえます。「サービスを提供する／される」関係で、権力関係をゼロにして対等な関係として向き合うことはありません。そこの文脈の匂いと、障害という言葉の「害」という文字を「掛け算」で考えて、差別主義者とその方は理解したのかもしれません。

Q　私もトランスジェンダーで、ホルモン剤をずっと服用していました。その間は、女性的な体に改造すべきだと思い続けていましたが、昨年ホルモン剤の作用で脳梗塞を起こし、中止になりました。悔しくて辛かったのですが、いまは「男でもない女でもない、どちらかよくわからないけれど、まぁいいか」と思えるようになりました。

A　ご自身の体験を率直に語ってくださったことに、まずお礼申し上げます。

　私の知人で、女性にまったく興味がなく、性別の感覚、男と女の感覚をもてない方がいます。一見すると普通の男性にしか見えないのですが、彼はアセクシュアルだと私は見ています。セクシュアリティは本当に100人100通りだと思います。

生活の場で

学校での環境整備

「個別支援」と「全体への働きかけ」をすすめる

松尾真治 | 倉敷市教育委員会

1 セクシュアル・マイノリティの子どもたちの状況

　セクシュアル・マイノリティの子どもたちの状況を考えるときに、人権教育を推進する立場で一番気になるのは、いじめ・暴力との関係です。

　性別違和のある男子で、身体的暴力を受けた経験のある子どもは

図表1　いじめや暴力を受けた経験（複数回答）

	性別違和のある男子	非異性愛男子	性別違和のある女子	非異性愛女子
身体的な暴力	48%	23%	19%	10%
言葉による暴力	78%	53%	54%	45%
性的な暴力（服を脱がされる・恥ずかしいことを強制）	23%	12%	12%	7%
無視・仲間はずれ	55%	34%	51%	57%
上のような経験はない	18%	35%	30%	36%

いのちリスペクト。ホワイトリボン・キャンペーン
「LGBTの学校生活に関する実態調査（2013）結果報告書」より

図表2　いじめや暴力にあった時期（複数回答）

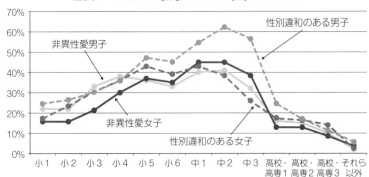

（注）％は「いじめや暴力にあった」と回答した者に占める割合
　　　いのちリスペクト。ホワイトリボン・キャンペーン
　　　「LGBTの学校生活に関する実態調査（2013）結果報告書」より

48％にのぼります。言葉による暴力は78％、性的な暴力（服を脱がされる、恥ずかしいことを強制される）は23％と、一生の傷になりかねない深刻な事態です。いじめ・暴力を受けた時期は、中学生年代が一番高くなっています。しかし見逃してはいけないのは、中学生になっていきなりいじめや暴力を受け始めるのではなく、すでに小学校段階からそれらが始まっていることです（**図表1、2**）。

　小学校から中学校にかけての時期は、初恋があったり、第二次性徴がみられたりと人生のなかで性に関する大きなステージが始まる時期です。性別違和感を自覚し始めた時期については、小学校入学以前が56.6％、小学校低学年が13.5％と一般的に考えられているより早いのではないかというデータもあります（岡山大学ジェンダークリニックの聞き取りから）。社会的には、中学校に入ると男女別行動の場面が増えます。性別違和を感じて悩み、思春期の特徴もあいまって自己肯定感が下がってしまう状況を避けるためにも、小中学校の段階で正しい知識を身につけることが必要でしょう。

　当事者の方たちのアンケートからは、学校生活を送る上でのつらさは想像以上であることがわかります（**図表3**）。政府による「自殺総合対策大綱」には、「自殺念慮の割合が高いことが指摘されている性的マイノリティについて、無理解や偏見等がその背景にある社会的要因の一つであると捉えて、教職員の理解を促進する」との文言があります。セクシュアル・マイノリティの理解は、教職員にとっ

図表3 「在学中、つらいと思ったこと」

友だちや先生の言動	学校生活での支障	自分自身への葛藤	知られることへの恐怖
「セクシュアル・マイノリティを笑いの対象にしたり、**気持ち悪いもの**ととらえる発言や意識」 「講演などをきっかけに始まる**当事者さがし**」 「**いじめ**」 「**らしさ**を求められる」 「**異性愛前提**の教育」	「**制服**が嫌で学校に行けない」 「**トイレ**に入れない」 「**ランドセルの色、体操服、上履きの色などの男女区別**」 「**身体測定、水着、着替え、宿泊学習の入浴など**、体を意識させられる場面」	「自分でも自分のことが**よくわからない、混乱している**」 「自分でも**受け入れられない**」 **本来の自分を隠す毎日** 「自分を隠す（＝嘘をつく）ことで常に感じる**罪悪感、居づらさ、息が詰まるような毎日、孤独感**」	「**いじめや好奇の目**が怖い」 「**親に心配をかけたくない**と小さな心で嘘をつき独りぼっちで苦しみを抱えていた」 **将来への不安** 「**社会的に不利**になるかも」 「**将来どう生きていけばいいのかわからない**」

※回答者10〜50代、回答数152
「主に岡山県内の性的マイノリティを対象とした学校生活に関するアンケート調査報告書
—岡山市市民協働推進ニーズ調査事業—」（2016年プラウド岡山）より

て「知っておいたほうがいい」というレベルの話ではなく、「知らなくていけない」ものになっています。

2 セクシュアル・マイノリティの子どもたちへの支援

個別支援

　それでは、どういう支援ができるでしょうか。

　個別支援については、文部科学省から通知が出ています。2015（平成27）年の「性同一性障害に係る児童生徒に対するきめ細かな対応の実施等について」は、それまで学校現場でほとんど周知されていなかった「性同一性障害」について、正しい対応をするよう明確な指針を示した画期的な通知です。翌2016（平成28）年には、教職員向けにもう少し解説を加えた手引き**「性同一性障害や性的指向・性自認に係る、児童生徒に対するきめ細かな対応等の実施について」**が出されました。

　この手引きには大切なポイントがたくさんつまっています。特に以下の点をしっかり確認しましょう。

① 情報共有の範囲

　学校現場でよく混同されがちなのは、性自認と性的指向です。性別違和を感じて相談しているのに、先生が「同性愛なんだね」と受け取ってしまうと正しく対応できません。

　情報共有で大切なことは、カミングアウト（自分のセクシュアリティを打ち明けること）とアウティング（人のセクシュアリティを勝手に話すこと＝暴露）の違いをしっかり押さえることです。相談内容を職員会議などで勝手にしゃべったりしないで、子どもの理解を得ながら進めていくことが大事です。重要なことだから全校生徒に性自認と性的指向についてのアンケートをとろう――これはやってはいけないことです。手引きにも、秘匿しておきたい場合があるので申し出がない状況で具体的な調査を行う必要はないと書いてあります。

　研修では、次のような例をみなさんに考えてもらっています。

「性同一性障害や性的指向・性自認に係る、児童生徒に対するきめ細かな対応等の実施について」

＊文部科学省のHPからダウンロードできます。

事例1 【担任の先生に対し】○○先生にだけ打ち明けるから、絶対に他の先生に言わないでね。

　まずは子どもの気持ちに寄り添って「わかったよ」と受けとめたいところです。もし何らかの配慮や学校全体での理解が生じそうな場合は、「先生に話してくれてありがとう」と伝えた上で、「保健室の先生は性別違和のことをよく勉強してるよ 。きっとあなたの味方になってくれるから保健室の先生には話してもいいかな」など、本人の気持ちを尊重しながら開示範囲を広げていくことができるかも知しれません。

事例2 【職員会議で】性同一性障害であることを本人または保護者が説明してくれると対応しやすいんだけどな…。全校集会やPTA総会で話してもらいましょうか。

　学校現場でありがちです。しかし、情報を開示する範囲は、そうしたいかどうかも含めて本人が決めることです。ケースバイケースだと思いますが、「じゃあ全校集会でステージに立ってみんなに説明します」というドラマのような発言は、私が知る限りでは聞いたことがありません。ごく親しい友だちにだけいいたいという場合が圧倒的です。

事例3 【先生に対して】学校の先生はいいけれど、お父さんお母さんには知られたくない。絶対にいわないで。

　これが、ほかの相談ごとと性的指向・性自認に関する悩みの決定的な違いです。当事者である子どもの多くは、自分の親は異性愛でシスジェンダーである可能性が高いと感じているため、カミングアウトして家にいられなくなったらどうしよう、親を悲しませたらどうしようと思っています。学校の先生だったら、望むような反応がなくても別の先生に相談してみようかなとか思える場合もあるのですが、家族の場合はそうはいかない。一番わかってほしい家族だからこそ打ち明けられない、という複雑な心境を理解することが大事です。

② 医療機関との連携

　医療機関との連携は、専門的知見を得られる重要な機会です。ただ、実際に受診するのはハードルが高いことですし、親御さんにいわないままでというわけにもいきません。注目していただきたいのは手引きに「具体的な個人情報に関連しない範囲で（医療機関で）一般的な助言を受けることは考えられる」という文言があることです。相談を受けたがどう応えればいいかわからない、でも本人は受診する意向はないという場合に、個人情報を伏せて「こういう相談を受けているのですが、どんな配慮が必要ですか」と一般的な助言を仰ぐことができますので、ご活用いただきたいと思います。

③ 学校生活の各場面での支援

　手引きには、服装や髪型、更衣室など支援の具体例が載っています。この箇所は非常にインパクトが大きかったのですが、逆にいうと一人歩きしている節があります。絶対にこうしなくていけないというのではなく、あくまでも例として、実際の子どもたちの話をよく聞き取っていただければと思います。

　重要なポイントは、違和感には変動があるかもしれないということです。去年感じていたことが今年は違っているということはよくあります。よかれと思って支援を固定してしまうと、いまはそうではないといいにくくなります。そのためにも医療機関との連携は大切だといえます。

　また、診断書があれば動きやすいのだけど……という声を聞くことがありますが、手引きには「性同一性障害の診断がなされない場合であっても、〔…〕支援を行うことは可能」とありますので、ぜひ柔軟に対応していただければと思います

事例4 【先生に対して】相談するのは、専門的なアドバイスをしてほしいからではなく、いっしょに考えてほしいから。だから、先生の方から質問をしてくれたら嬉しい

　相談されたら、まずは「信頼してくれてありがとう」という気持ちで、「君が君であることに変わりはないよ」「いっしょにいろいろ勉強しよう」と声をかけてあげてほしいのです。不用意な一

言には気をつけなくてはなりませんが、当事者の方たちからは、先生からの温かい一言にどれだけ勇気づけられたかという話を聞くことも多いです。そのことも心にとめていただければと思います。

全体への働きかけ

　以上のような個別支援は大事ですが、そもそも、性に関することについて子どもはあまり大人には打ち明けないものです。また、刷り込まれた偏見や間違った知識のせいで相談をためらうことも多いのです。個別対応ができる子どもはごく限られていて、そこでとどまっていては十分ではありません。個別支援と同時に全体への働きかけを行い、2つを車の両輪のように進めていくことが必要になってきます。

　全体への働きかけでは、「正しい理解をする」「肯定的なメッセージを発信する」「多様性につながる土壌をつくる」という3つの要があります。どんなに素晴らしい個別支援が用意されていても、学校全体に、人と違うことが差別やいじめにつながりやすい風土があったりすると、それが生きてきません。また、髪の長い男の子がいたときにそのことを否定したり揶揄したりするような教職員の心ない言動はあってはなりません。

①「性の多様性を認め合う児童生徒の育成」──倉敷モデル

　倉敷市教育委員会では、全体への働きかけに力を入れていこうと、2016（平成28）年から「性の多様性を認め合う児童生徒の育成」という研究主題をスタートさせました。コンセプトは、LGBTではなく「性の多様性」を学ぶ、LGBTの人々について考えるのではなく「私たちの生き方」を考える、つまり「人権教育」です。その根拠は、「いじめや差別を許さない適切な生徒指導・人権教育等を推進すること」（前出の文科省手引き）、そして「他者の痛みや感情を共感的に受容できる想像力等を育む人権教育等の一環として、性自認や性的指向について取り上げることも考えられます」（同前）に求められます。

　そのさい、私たちがアドバイスをいただいたのが埼玉大学の渡辺

大輔准教授です。岡山大学のGID（性同一性障害）学会理事長・中塚幹也先生をはじめ、同大学ジェンダークリニックの先生方にも、相談に乗っていただいています。

② 「多様性の尊重」につながる環境づくり

　学校の最大の人権環境となるのは、教師の言動です。「女／男らしくしなさい」「女／男のくせに」ではなく、「自分らしさ」を大切にする働きかけをしていく。先生自身が、性的指向や性自認に関して侮辱したり揶揄したりしないのは当然ですが、そういうネタで笑っている子どもがいたときに、先生がスルーしたら、子どもたちはそれを笑ってもいいのだと受け取ってしまいます。「ちょっと待って。そうやって人をバカにするのはおかしいことだよ」といえるようにしたいものです。

　男女区分の再点検、つまり名簿や呼称、役割分担、ネームカードの色など、その区分が絶対に必要なのかとを考えてみることも必要でしょう。ときには保護者の方から「世の中には男と女の違いがあるのは当然だ」などのご意見をいただくことがありますが、その際は、身体の性とジェンダー（社会的・文化的に形成された性差）の違いをていねいに説明しています。

図書室との連携
　学級文庫・図書室に関連書籍を置く

レインボー啓発バッジ
「あなたらしく　自分らしく」

Respect for diversity
あなたらしく　自分らしく

ＡＬＬＹ（アライ）ぐま「だいばー」

ALLY（アライ）とは理解者、支援者のこと。他の人権課題よりもALLYの存在感が大きいといえる。

③　子どもたちに肯定的なメッセージを送る

　図書室との連携や保健室との連携なども重要です。

　倉敷市教育委員会では、レインボー（虹）や、アライ（理解者、支援者）をもじったアライグマのイラストが描かれている**レインボー啓発バッジ**を作成し、学校の先生方にもお配りしました。名札やペンケース、バッグにつけていただき、子どもたちが「これ何？」と聞いてきたときに「多様性や違いを認めあっていくことが大切なんだよ」と話すきっかけにしてもらっています。

④　安心・安全のための制服選択制

　環境づくりと関連して、倉敷市教育委員会は2019年9月、制服の選択制導入を推進していく方針を示しました。現場からは、選択制を導入したけれどズボンに変更する生徒は少なくて…という声が

聞こえてくることがあります。しかし、選択制の目的は、ズボンを着用する生徒を増やすことではなく、申告や許可願いを出すことなく着たい制服を選べるという安心感を持ってもらうことです。スカートに違和感がある生徒だけでなく、防寒や防犯の面から肌を露出したくないという生徒もいます。ですから「安心・安全のための制服選択」といういい方をして、全体を抱合するイメージでとらえています。社会では女性のパンツスタイルは一般的なもので、上司に許可をとったりはしません。

⑤ 普段からできる環境づくり

　低学年の教室では、絵本を使った教育を行っています。『りつとにじのたね』『ピンクになっちゃった』などの絵本で、「違うってステキだね」「違いは豊かさだね」というメッセージをやさしく伝えることができます。絵本の読み聞かせなら、授業でなくても、普段からできるのではないでしょうか。

　ただ、どれだけすばらしい絵本を用意したとしても、「かわいそうだから違いを認めてあげましょう」という「上から目線」で先生方がとらえていると、固定観念から脱却できません。「私の『ふつう』とあなたの『ふつう』は違うよね」、「マイノリティであることはおかしくないよね」というメッセージを伝えることが大事です。

　また、違いというと、そればかりが目についてしまうのですが、「共通点は何かな？」という視点も忘れないようにしたいものです。

⑥ 唐突な授業を避ける

　実際の授業にあたって大事なことは何でしょうか。

　当事者自助グループの「プラウド岡山」さんからは、「授業は当事者探しなどのリスクを伴う。無責任な、やりっぱなしの授業にしないでほしい」という助言をいただきました。この声を真摯に受けとめる必要があります。子どもがびっくりしてしまうような唐突な授業は避けなくてはいけません。

⑦ 「性のあり方は多様なんだよ」

　では、どういう授業にしていくかをお話しします。

ながみつまき文、いのうえゆうこ絵「りつとにじのたね」リーブル出版、2016年

リン・リカーズ作、マーガレット・チェンバレン絵、明橋大二 訳「ピンクになっちゃった」1万年堂出版、2013年

メアリ・ホフマン著、ロス・アスクィス絵、すぎもとえみ訳「いろいろ いろんな かぞくの ほん」少年写真新聞社、2018年

渡辺大輔「マンガワークシートで学ぶ 多様な性と生／ジェンダー・LGBTQ・家族・自分について考える」子どもの未来社、2019年

ベースとしては「多様性の尊重」があり、その上で「多様な性の
あり方」の授業を小学校中学年くらいからスタートさせ、小学校高
学年では「人権課題としての性的マイノリティ」を学びます（**図表4、
5**）。

　強調すべきは、どれが正しいとかおかしいとかではなく、「性の
あり方は多様なのだ」ということです。そうすることで、「かわい
そう」ではなく「そもそも多様であるべきなのに、少数派だから差
別されるのはおかしいよね」という受けとめになります。「当事者
ががんばれ」ではなくて、変わるべきは周囲、つまり「社会モデル」
の考え方につながっていきます。

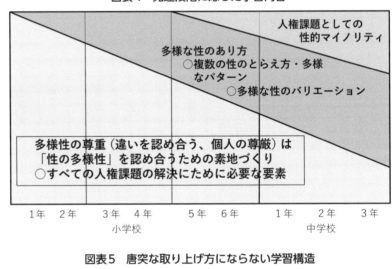

図表4　発達段階に応じた学習内容

人権課題としての 性的マイノリティ	

多様な性のあり方
○複数の性のとらえ方・多様なパターン
　　　○多様な性のバリエーション

多様性の尊重（違いを認め合う、個人の尊厳）は
「性の多様性」を認め合うための素地づくり
○すべての人権課題の解決にために必要な要素

1年	2年	3年	4年	5年	6年	1年	2年	3年
		小学校					中学校	

図表5　唐突な取り上げ方にならない学習構造

・「性的マイノリティはかわいそう」ではなく、
　「そもそも多様であるべきはずなのにおかしい」
・「性的マイノリティの人たちの問題だ」ではなく、
　「変わらなければいけないのは周囲（私たち）だ」
「社会モデル」の考え方につながる

人権課題としての性的マイノリティ

多様な性のあり方
①複数の性のとらえ方・多様なパターン
②多様な性のバリエーション

多様性の尊重
違いを認め合う、個人の尊厳

例として、3時間で段階的に学んでいく授業を考えてみましょう。

1時間目【入口】多様な性のあり方①

「性のトビラを開けてみよう」ということで、「性のとらえ方は、身体の性だけではないんだね」「誰もが当事者、関係のある話だね」という話をします。

入り口の授業で**「性のものさし」**が使われることがあります。確かにわかりやすくはなるのですが、使う場合は、自己開示につながらないよう注意する必要があります。子どもたちにシートを配って〇をつけてといえば、子どもたちは興味津々、隣の子がどこに〇をつけたかなと気になります。ですから、「心のなかで〇をつけてね」という方法をとります。先生方のなかにも自分のセクシュアリティを開示したくない方もいますので、自己開示しなくてはいけない雰囲気をつくらないでいただきたいと思います。

「男女平等教育」といっていた時代から蓄積されてきた教材もあるでしょうし、3コマ漫画（**図表6**）を使って、男らしさ女らしさの見直しにつなげることも可能です。

性のものさし

身体の性	女　　　　男
心の性	女 ⬜ 男
社会的な性	女 ⬜ 男
好きになる性	女 ⬜ 男
	← →

図表6　3コマ漫画を使った授業例

予想される児童の反応

話し合いのポイント（深めるための問い、切り返し発問）

〇虫が好きだったり、苦手だったりすることに性別は関係ありますか？
〇裁縫が得意な男の子はヘンですか？
〇あなたは自分の洋服のボタンが取れたとき、自分でつけられますか？
〇あなたの得意は何ですか？

本文より抜粋改変

渡辺大輔「マンガワークシートで学ぶ 多様な性と生／ジェンダー・LGBTQ・家族・自分について考える」子どもの未来社、2019年

2時間目【深める】多様な性のあり方②

少し詳しい知識を学びます。大事なのは、LGBTなどの語句の説

啓発ポスター

静岡市協働パイロット事業「学校における性の多様性の啓発ポスター制作と研修等開催」
特定非営利活動法人しずおかLGBTQ+

明ではなく、「好きになる性」にはバリエーションがあることを理解することです。少数に位置するからといっておかしいことではない、どこに位置づいても対等であるということです。

　具体的には、**啓発ポスター**のイラストを使って、「好きってどういうことなんだろう」とみんなで考えてみてもいいです。ドキドキする、もっと仲よくなりたいと思う、など「好き」という概念を考えていきます。

　いまのところ本市の授業ではSOGIという言葉は使っていないのですが、LGBT（Q）という分類ではなく、構成要素に着目するSOGIの考え方で授業をつくり上げていくことを教員のなかで確認しています。

　伝え方には少し工夫が必要ですが、日本では歌舞伎や宝塚歌劇など性を越境する芸術が愛されています。最近の映画「君の名は。」もそうですが、男女が入れ替わるというストーリーも日本人に好まれます。「とりかへばや」という古典もあります。こういうことを授業で話すと、中学生くらいだと興味をもって学習できるかもしれません。

3時間目【出口】人権課題としての性的マイノリティ

　当事者の方たちの手記を読むこともあります。フォローは必要ですが、十分な積み上げがあれば大丈夫だと思います。倉敷市では、中学3年生が自分たちでデザインしたレインボーバッジをつくり、ほかの学年の生徒に学習内容を発表する学校もあります。

　「授業中に不規則発言やからかいがないですか？」という質問をときどきいただくのですが、それを防ぐためにも、ここまでの素地づくりが大事です。でも、あったら絶対にスルーしないことです。

　複数の教員が授業に入ることもお勧めしています。養護教諭にいっしょに授業を聞いてもらって、「もしわからないことがあったら、保健室に行ってみたらもっといろいろ教えてもらえるよ」とさりげなくつなげることもできます。

『人権教育実践資料3
性の多様性を認め合う
児童生徒の育成Ⅱ』

　以上のことは、学校の先生が使いやすいように『**人権教育実践資料3　性の多様性を認め合う児童生徒の育成Ⅱ**』というパンフレッ

トにまとめました。経験の浅い先生は、授業をやりたいと思っても不安だと思います。でも教育委員会がつくった冊子があれば、そのような先生の後押しになります。おかげさまで、この冊子は2018（平成30）年度の人権啓発資料法務大臣表彰で最優秀賞をいただくことができました。よろしければほかの方にもお勧めしていただけたらありがたいです。

⑧ ダイバーシティの尊重へ

　私たちは、「個別対応・個別支援」と「全体への働きかけ（環境づくり、指導）」が車の両輪のようになって、すべての子どもたちの人権が守られていくと考えています。「違いを認め合える学校」、「○○らしさに縛られない学校」は、すべての児童生徒にとって安心できる学校です。セクシュアリティだけでなく、ルーツの多様性、発達障害をとらえるニューロダイバーシティの観点も取り入れながら、ダイバーシティ（多様性）の尊重という視点で人権教育を進めていきたいと思っています。

Q&A

Q このようなテーマは小学生には早くないでしょうか。

A 私たちも最初はおっかなびっくりだったのですが、やってみたら小学校の低・中学年で始めてよかったなと心から思っています。こんなデリケートなことをいって大丈夫かという心配があるかもしれませんが、偏見が少ない子どもたちは、スッと理解してくれるのです。最近力を入れて読んでいるのは家族関係の絵本です。いろいろな家族の形態があるよ、という話は小さい子どもたちにも理解しやすいようです。

Q 授業の内容を、保護者が快く思わないということはありませんか。

A 授業実践された多くの学校で、校長先生が事前に「学校だより」などでこういう授業をしますと伝えています。「本校は多様性を尊重する教育を大切にしています」と授業の内容が数行書いてあるだけでも、保護者の方は安心されると思います。
　思ったより好意的な反応をいただくことも多く、「そういう時代だからね」と受けとめられているようです。

Q こういう授業は、地方都市では難しいのではないでしょうか。

A 地域の違いよりは、自治体や学校の考え方の違いなのではないかと思います。
　個別対応については文科省が通知を出しているので、大きな認識の差はないと思うのですが、そこから先の全体的な働きかけや指導、環境づくりについては自治や学校の判断が大きいように思います。

プライド指標による企業評価

性的マイノリティにフレンドリーな職場をつくる

松中　権　NPO法人グッド・エイジング・エールズ代表

　　セクシュアル・マイノリティにフレンドリーな企業という意味は、ある社員をLGBTQだから採用するということではなく、性的マイノリティに対するハラスメントをなくし、LGBTQの人たちが働きやすい職場づくりを進めているということです。そして、LGBTQを採用しているのは世の中にあるほぼすべての企業だといえます。なぜなら、どこの職場にも必ず当事者と呼ばれる方がいるからです。

1　企業のLGBTQに関する取り組みを進める理由

LGBTQ＝目に見えないマイノリティ

　　LGBTQは目に見えづらいマイノリティといわれています。本当は、社会のなかでLGBTQの方もいっしょに暮らしているにもかかわらず、「あっちの人」「そっちの人」みたいにいわれてしまう。つまり社会の外にいる存在に見られてしまうのです。目に見えづらいとその場にいないことになってしまい、いろいろなサービスや仕組み、制度から排除されがちです。さらに人間には、よくわからないものを怖がったり、攻撃してしまう習性があり、それが差別的な言動や偏見につながっていきます。

　　ですから、「実は社会のなかにいるのですよ」と可視化していく、LGBTQは「身近な存在」なのだと社会全体に理解を広げることが大事だと思います。そして、「世の中にいるのは男性と女性だけ、異性愛者だけ」、「世の中には生まれもった体の性が性自認と一致している人しかない」という思い込みに対しては、社会にはLGBTQ

などの「多様な存在」がいることを知らせ、その人たちを排除しないために、現行制度や仕組を見直していくことも必要です。そのような方向に、世界も日本も動き始めています。

社会の縮図である企業でも、同様の動きがあります。企業は社会のなかの一つのプレイヤー、活動主体です。社会企業市民という呼び方もあります。企業が、ある日突然LGBTQの取り組みを始めることはなく、社会がどう動いていくかによってその取り組みは変わってきます。

オリンピック憲章で「性的指向」による差別禁止を明記

企業がLGBTQの取り組みをバックアップする大きなきっかけとなったのが、オリンピック・パラリンピック東京大会でした。国際オリンピック委員会は2014年末、オリンピック憲章が掲げる「オリンピズムの根本原則」を改訂し、第6項に「性的指向」による差別禁止を加えました。リオ大会は改訂以前に具体的な計画が決まっていたので、実際的には東京大会がその差別禁止を受けた最初の大きな夏季大会となりました。東京オリンピック・パラリンピック競技大会組織委員会は、2020年に向けて決めた**「調達コード」**で、オリンピック・パラリンピックに協賛したり物品や人材を提供したりする企業は、LGBTQに関する差別をしてはいけないと明言したのです。世界的にも初めての試みでした。

これを受けて東京都でもLGBTQへの差別をなくしていくことが条例になりました。大きかったのは日本経済団体連合会（経団連）の動きです。経団連が2017年5月に会員企業・団体を対象に行ったアンケート調査では、LGBTQ当事者が働いていることを前提とした取り組みが始まっていることがわかりました。経団連の動きをみて、いろいろな企業がいまエンジンをかけ始めています。

LGBTQの取り組みは人権の課題

私が企業の研修会などでお話しすると、「うちの会社で取り組む必要があるの？」「女性や障がい者などいろいろな課題があるのに、なぜいまLGBTQへの支援に取り組まなくてはいけないの？」と必ず聞かれます。

調達コード
「東京2020オリンピック・パラリンピック競技大会　持続可能性に配慮した調達コード　基本原則」（2016年1月、公益財団法人東京オリンピック・パラリンピック競技大会組織委員会）から抜粋
3. 組織委員会の調達における持続可能性の原則
〔…〕
(1)どのように供給されているのかを重視する
・組織委員会は、人権の尊重を重視する。そのため、サプライヤー及びライセンシーに対し、製造・流通過程において、人種、国籍、宗教、性別、性的指向、障がいの有無等による差別やハラスメントが排除され、また、不法な強制立ち退き等の権利侵害の無い物品・サービス等を提供することを求める。

そのときはまず、「これは、一人ひとりの社員が自分らしく働き、その人として存在する基本となる人権のことなのだ」と必ずお話ししています。

　しかし、人権意識の低い日本社会では、そのように受けとめられることは大変少ないのです。そういうなかで企業の方々に取り組んでいただくには、企業がLGBTQへの支援に取り組むメリット、意義を伝えていくことが大切だと思います。それを私たちは「5つのメリット」として伝えています。

企業にとっての5つのメリット

① Recruitment（リクルートメント、就職活動、採用）

　いま東京都内の大きな大学にはLGBTQに関するサークルがあることが多いです。自身のことをカミングアウトするかしないかは選択の問題ですが、若い世代はオープンに暮らし始めています。卒業後の就職を考えたときに、当たり前のように自分らしく働きたいと思うのが、いまの若い世代です。そういう学生が企業を選ぶ視点の一つが「働きやすさ」です。企業がLGBTQに関する取り組むと、学生さんからも注目され、選ばれる企業になるというメリットがあります。

② Retention（リテンション、離職回避）

　いま働いている方のなかにも、当然LGBTQの方がいます。就職のさいには自分のセクシュアリティのことを隠していたとしても、時代が進み、LGBTQに関して取り組んでいる他社で友だちがのびのび楽しそうに働いているのを見ると、自分もそちらの方がいいなと思う方もいるのではないでしょうか。

　私にも会社員経験がありますが、転職が当たり前ではなかった時代でした。でもいまや転職はキャリアのなかでの一つのパス（通り道）になっています。タイミングを見て次の会社を探すことも普通です。LGBTQであることに引け目を感じることなく、のびのびと自分を生かしていける職場であるかどうかは、会社にとっては離職回避のために大切なのです。

③ Risk-hedge（リスクヘッジ、防衛策）

　企業は社会のなかの一員ですので、商品を買ってくださるお客様、サービスの利用者、取引先の方などに接する社員がLGBTQに差別的な発言をすると、ネガティブなイメージを持たれる可能性があります。企業がきちんとLGBTQについて取り組んでいることを対外的に伝えていくのがリスクヘッジです。

　日本ではまだあまり注目されていませんが、海外では大変重要視されています。アメリカの大きな航空会社で「私たちの会社はLGBTに関してフレンドリーです」と発信しているにもかかわらず、客室乗務員が当事者に対してネガティブな発言をしたことが不買運動につながったケースがあります。企業の経営にとって大切な視点なのです。

④ Development（能力開発、能力発揮）

　これは私自身が経験したことです。私は2001年に新卒で広告会社に入社し、約16年間働いていました。途中でゲイであるとカミングアウトして、NPO法人グッド・エイジング・エールズをつくり、「二足のわらじ」を履くようになりました。

　カミングアウトする以前は、毎日の生活のなかで何かいったらゲイであると周りに知られてしまうという恐怖感で、自分の言葉を検閲するように過ごしていました。入社後3年間くらいはコミュニケーションを取らないと自分のポジションがなくなることを恐れて合コンに参加したこともあります。しかしそれ以降は人との距離を取るようになりました。

　仕事とプライベートは別だといわれがちなのですが、誰かと接点を持つと、どうしても自分のことを語らなければいけません。日常会話のなかにはセクシュアリティに関わる事項があふれています。例えば、男性の部長が「うちの奥さんがさ」というと、それは異性愛者であることのカミングアウトです。同じように自分が日常生活のことを話そうとすると、全部カミングアウトにつながってしまいます。だったら人との距離を取った方がいいと思い、カミングアウトをする前は人間関係が薄くなっていました。

　カミングアウトをした後は、自分らしく働くことができ、安心感

につながりました。カミングアウトをしても、「僕はゲイなんですよ」と毎日プラカードをぶらさげて働くわけではありませんが、職場でのふとした会話で気を遣うことなく話せるのはストレスフリーで、モノクロだった毎日の生活がパッとカラーになったような感覚でした。それが仕事にも反映して、パフォーマンスも上がりました。

　LGBTQの社員は、本来持っている能力を抑えてしまっている可能性があります。それをきちんと伸ばしていくのは企業にとってもメリットであり、経営的課題なのではないでしょうか。これはLGBTQだけの問題ではありません。LGBTQの方が働きやすい職場は、ほかのマイノリティの方も働きやすいといわれています。先ごろグーグルが「心理的安全性」について調査し、職場が自分の発言や行動を受けとめてくれて安心して働けるかどうかを数値化しました。「心理的安全性」が高い職場環境では仕事のパフォーマンスが上がるという結果が出ています。

⑤ Inclusion（包摂、インクルージョン）

　新しい価値を見出したり、新しいサービスを提供していくときに、会社組織がインクルーシブ（包摂的）であることはとても大切です。同質の人たちが集まっても、そこからイノベーション（技術革新）は生まれません。いろいろな視点を持った方たちが集まりアイディアを出して、それが研鑽されていくと、新しい価値が生まれたり、新しいサービスが提供できたりするのです。社会に合わせてつねに変化していけるかどうかは、企業にとって死活問題です。LGBTQにフレンドリーな社会、企業は、多様な人たちが自分の能力を生かしやすいといわれています。

　アメリカのアップルはiPhone（アイフォン）やMac（マック）などをつくっている企業です。アップルのティム・クック社長はゲイであるとカミングアウトしました。そのときの彼の言葉は、"Inclusion inspires innovation"（インクルージョンがイノベーションを呼び起こす）でした。アップル自身がこのことを発信してくというのです。自分たちの企業はインクルーシブだから、ぜひいっしょに働いてほしい、アップルの製品をともにつくっていきましょう、イノベーションを起こしていきましょうというメッセージだと思います。

「目に見えない」当事者社員が働きやすい職場づくり

　当事者社員は、「目に見えない」ことで、どのような苦しさを抱えているのでしょうか。

　「言えない」苦しさが一番大きいと思います。自分の気持ちを抑え込む、嘘をつく、ごまかすことが日常の行動になっています。その時間や労力をほかのことに使えれば、当事者にとっても企業にとってもメリットになります。

　職場のなかでLGBTQへの差別的な言動があるのも苦しいことです。恋人や結婚についての何気ない会話だけならまだいいのですが、古い体質の企業では「合コンに行こうぜ」とか、いまではないと信じたいのですが、風俗への誘いなどが残っています。身体的な特徴を小バカにして「お前は男か女かわからないな」と笑いのネタにすることが日常茶飯事だという企業もあります。職場外での飲み会の場などで、差別的な言動にあうこともあります。「LGBTって気持ち悪いよね」などという発言が信頼している同僚からあると、いっしょに仕事をしたいと思っているのに自分のことを全否定されているような感覚に陥ります。

　「男らしさ、女らしさ」を重視する企業もいまだにあります。そういう職場はトランスジェンダーの方も含め、居心地が悪く、心身ストレスを感じる方は多いはずです。私がいた職場はジェンダー規範が強く、ゲイである私も嫌でした。「女性はこうあるべきだ、男性はこうあるべきだ」という企業風土からのプレッシャーが結構ありました。

　しかし最近では、そういう環境を変えていこうという動きが進んでいます。**改正労働施策総合推進法**（通称パワハラ防止法）も大きなきっかけになりました。パワハラ防止法では、パワハラのなかにSOGIハラスメント（SOGIハラ）が位置づけられ、附帯決議として、SOGIに関してアウティングの禁止も明記されました。

　例えば、カミングアウトをしたトランスジェンダーの社員を、得意先に言いづらいということで営業担当から外すのはSOGIハラです。その人の能力と仕事の内容が合わない場合に異動させることは不当ではありませんが、トランスジェンダーであることを理由に異動させるのはハラスメントです。

改正労働施策総合推進法
　2020年6月1日から、パワー・ハラスメント（パワハラ）をなくしていくことが301人以上の企業では措置義務となった（301人以下の中小企業に関しては2年後の施行）。

2　work with Prideで企業を応援

work with Prideとは

　LGBTQにフレンドリーな企業の取り組みを応援するために、私たちはwork with Prideという活動を進めてきました。

　職場でのLGBTQの働きやすさを議論するために、2012年に日本IBM、国際NGOヒューマン・ライツ・ウォッチ、グッド・エイジング・エールズの3者で立ち上げた（一時、虹色ダイバーシティも参加）のですが、日本IBMに会場を借りて初めて開催したときは、ほとんどの企業の方がLGBTQという言葉を知りませんでした。そこで、障がい者担当の方や女性活躍担当の方に参加していただき、まずはLGBTQのことを知っていただくことにしました。すると、参加されたソニーの方が「これは継続した方がいい」といってくださり、翌年はソニーを会場にすることになりました。そして次の年はソニーの会場に来られたパナソニックで会場を提供していただき、まるでバトンがまわるようにさまざまな企業で開催することができました。2017年からは経団連にも後援していただき、2018、2019年は六本木のミッドタウンで開催しました。

　2020年はコロナの影響があり、オンラインでの開催となりました。全国で最初に同性パートナーシップ制度を実現した渋谷区、世田谷区の区長と、直近で同性パートナーシップ制度を始めた京都市長、トランスジェンダーであることをカミングアウトされている台湾のIT大臣のオードリー・タンさんにも話をしていただきました。

PRIDE指標とは

　work with Prideを行うなかで、いろいろな企業の取り組みをほ

work with Pride2020 自治体パネル

work with Pride2020 経営者パネル

work with Pride2020
スペシャルセッション
オードリー・タンさん

かの企業に伝えていくこ
とができないかと考え、
2016年に「PRIDE指標」
のプロジェクトを立ち上
げました。

PRIDE指標2020オンライン表彰式／フォトセッション

「PRIDE」はLGBTQに
とって大切な言葉です。
LGBTQであることに「プ
ライド」を持って生きていこうということで、**プライド・パレード**
などと使っています。PRIDE指標はそうしたP-R-I-D-Eの頭文字を
取っています。

① P＝Policy（ポリシー、行動宣言）

　会社としてLGBTQなどの性的マイノリティに関する方針を明文
化し、対外的にも発信しているか。その方針を従業員の行動規範と
して定めているか、など。

② R＝Representation（リプレゼンテーション、当事者コミュニティ）

　LGBTQ当事者、アライに限らず、社員がLGBTQに関して発言し、
行動を起こす機会を提供しているか。またアライを増やし、顕在化
するための取り組みがあるか。

③ I＝Inspiration（インスピレーション、啓発活動）

　社員に対して、LGBTQについて知ることができる機会（ワーク
ショップ、イベントなど）を提供しているか。

④ D＝Development（デベロップメント、人事制度・プログラム）

　人事制度上LGBTQへの配慮があるか。具体的には、婚姻関係に
ある同性同士が企業内できちんとパートナーとして認められている
か。トランスジェンダーの社員が性別適合手術を受けるさいに会社
の休暇制度が活用できるか、また職場復帰後、本来の姿で働くため
にキャリアプランを相談できるか。通称名を使いたい場合、社員証
や社員登録などで通称名が使えるかなど。

⑤ E＝Engagement/Empowerment（エンゲージメント／エンパ
　ワーメント、社会貢献・渉外活動）

　一企業社会市民として活動ができているか。例えば、LGBTQの
パレードにブースを出しているか。テレビCMなどでLGBTQを応

プライド・パレード
　もともとアメリカの
公民権運動のなかで
「ブラック・プライド」
という言葉が使われ、
そこからLGBTQのプ
ライドという言葉も生
まれた。

援すると発信しているか（最近、P&Gがシャンプーのコマーシャルでトランスジェンダーの方々を起用。就職活動時の髪の悩みを語ってもらうことで、LGBTQに関する取り組みが企業だけでなく、社会にとっても大切な課題だというメッセージを伝えた）など。

　5つの指標ごとにチェック項目に設けられていて、自分たちの企業がクリアしているかどうかチェックしていくのです。これだと

2020年6月1日
任意団体 work with Pride

PRIDE指標

1.〈Policy: 行動宣言〉評価指標

会社としてLGBTQ[注1]等の性的マイノリティに関する方針を明文化し、インターネット等で社内・社外に広く公開していますか。
• 方針には以下の内容を含むものとする：性的指向[注2]、性自認[注3]（または、同等の意味を持つ別の言葉）に基づく差別をしない（または、尊重する）。
• 単独の方針でも、行動規範や人権方針、ダイバーシティ宣言等の一部に含まれていてもよい。

評価項目（以下1〜8の間で2つ以上で1点）
☐（1）会社としてLGBTQ等の性的マイノリティに関する方針を明文化し、
　　　　インターネット等で社内外に広く公開している。
☐（2）方針に性的指向という言葉が含まれている。
☐（3）方針に性自認という言葉が含まれている。
☐（4）会社の従業員に対する姿勢として定めている。
☐（5）従業員の行動規範として定めている。
☐（6）採用方針として学生等に伝えている。
☐（7）経営トップが社内外に対し方針に言及している。
☐（8）お客様・取引先に対する方針を明文化し公開している。

2.〈Representation: 当事者コミュニティ〉評価指標

LGBTQ当事者・アライ[注4]（Ally、支援者）に限らず、従業員が性的マイノリティに関する意見を言える機会を提供していますか。（社内のコミュニティ、社内・社外の相談窓口[注5]、無記名の意識調査、等）
また、アライを増やす、顕在化するための取組みがありますか。

評価項目（以下1〜4の間で2つ以上で1点）
☐（1）社内のコミュニティ（LGBTQAネットワーク等）がある。
☐（2）アライを増やす、もしくは顕在化するための取組みを実施している、または
　　　　アライの活動を会社がサポートしている（アライであることを表明することの推奨等）。
☐（3）社内外を問わず、当事者が性的指向または性自認に関連した相談を
　　　　することができる窓口を設けている。
☐（4）無記名の意識調査（従業員意識調査やエンゲージメント調査等）で
　　　　性的マイノリティの意見も統計的に把握できるようにしている。

work with Pride「PRIDE指標2020レポート」より一部掲載

「自分たちの会社はここが足りない」と知ることができます。指標全文はウェブサイトで公開しています。

　5つの指標をすべてクリアできたらゴールド、4つだったらシルバー、3つだったらブロンズ賞を差し上げています。賞がメインの目的ではないのですが、賞がモチベーションになることも大切かなと思います。併せて、ベストプラクティス賞として参考にできる事例を紹介しています。2019年のベストプラクティス賞を受賞したTOTOとLIXILは公共トイレとオフィスのトイレに関する調査が評価されました。

　各賞を受賞した企業は、ロゴマークを名刺やウェブサイト、CSRレポートに入れたりしてアピールしています。学生は就職活動のときに自分たちが働くにふさわしい企業であるかを知るために、PRIDE指標を取っているかをチェックしています。

　PRIDE指標への参加企業には大手企業が多いのですが、最近は中小企業も増えてきて、2019年は全体の17%が中小企業でした。

| 3 | コレクティブ・インパクトの取り組みへ 「プライドハウス東京」 |

　スポーツの現場はLGBTQに対して差別的偏見が強いといわれます。競技が男女別になっていたり、パワーやスピードという「男性性」を競うことが多いからです。女性にとっても居心地が悪いのがスポーツ界です。大規模国際大会でのフーリガンなどの暴力行為も問題になっています。

　そういうなかで安心して集える場所をつくり、きちんとした情報発信をしようと、バンクーバーオリンピック・パラリンピックのときに地元のNGOが期間限定の施設をつくりました。その後、国際スポーツ大会の開催都市の団体がそのバトンを引き継いできました。オリンピック・パラリンピック東京大会に合わせて、日本でも「プライドハウス東京」をつくりました。

　「プライドハウス東京」では、これまでとは異なる3つのレガシー（残していくもの）を掲げました。

　1つ目がコレクティブ・インパクト（Collective Impact）です。

work with Pride
「PRIDE指標とは」
https://workwithpride.
jp/pride-i/

PRIDE指標への参加企業
　2016年　 82社
　2017年　110社
　2018年　150社
　2019年　194社
　2020年　233社

I　支援の前に

II　支援の現場から

III　公的支援を使うために

IV　こころと身体

V　生活の場で

それまでは単独のNGOが立ち上げるプロジェクトだったのですが、NPO、企業、自治体などがチームになって大きな効果を出していくために共同して取り組みました。

　2つ目が、「プライドハウス」が世界で初めて大会組織委員会の公認プログラムとなったことです。

　3つ目が、「プライドハウス東京レガシー」が日本初の常設の統合LGBTQセンターとして2020年10月に新宿にオープンしたことです。世界の大きな街には、困ったときに訪れることができる総合的な情報発信の場所であるLGBTセンターがあるのですが、日本にはまだ大きなものはありませんでした。いまでは35のNPOと専門家の方々、15の企業、21の駐日大使館がチームをつくり「プライドハウス東京」のプロジェクトを推進しています。(＊2021年9月末時点)

Q&A

Q　TOTO、LIXILのトイレについてのレポートを見ることはできますか。

A　TOTOとLIXILによるトイレの調査概要はウェブに公開されています。

　この調査には大事なヒントが詰まっています。例えば、大きなトイレ1つだけだと障がい者用となりLGBTQ当事者は使いにくいので、中型の個室を複数つくってほしいという要望があるとか、運用するソフト面が充実しないと機能しないなどということがわかります。

TOTO 性的マイノリティのトイレ利用に関するアンケート調査結果
https://jp.toto.com/ud/summary/post08/report2018.pdf
LIXIL 性的マイノリティのトイレ問題に関するWEB調査結果
https://newsrelease.lixil.co.jp/user_images/2016/pdf/nr0408_01_01.pdf

Q　ウェルカミングアウトを広めるためのヒントはありますか。

A　LGBTQにフレンドリーな証である6色

レインボーの印をどこかに貼るのはいいかもしれません。当事者はそういう細かいことをよく見ています。それがヒントになり、貼っている人の普段の行動や言動をさりげなく注目したりするのです。また、日常会話で、「この間『きのう何食べた？』(ゲイカップルの生活を描いたドラマ)を見たんだけどさ」などと話したりすると、遠くからでもその会話を聞いて安心したりします。

　心で思うだけでなく、ちょっとした行動をとるとLGBTQの人も気づきやすいのです。例えば、みんなで食事したときに誰かが「オネエ系って気持ち悪いよね」といったとします。それを「いまの時代に何いっているの？」と軽く否定するとか、お茶をわざとこぼして会話を途切れさせるなどすると、当事者は「この環境は大丈夫かも」と思えます。

Q　インスタグラムのストーリーなどで情報を流したいのですが、攻撃が怖くてなかなかできません。

A　インスタグラムなどのSNSで発信していただけると嬉しいです。「こういうイベン

4 今日からできること 「ウェルカミングアウト」

みなさんにできることが「ウェルカミングアウト (welcoming out)」です。日本社会で一番カミングアウトがしづらい場所が、職場と家庭です。カミングアウトは必ずしもする必要はありませんが、しやすい職場環境はみんなでつくることができると思います。LGBTQの方を歓迎する、ウェルカムだと、LGBTQでない方がぜひカミングアウトしてほしいと思います。

LGBTQの方がみなさんの職場にもいるかもしれないという視点に立ち、「多様性って大事だよね」と心で思うだけではなく、差別的なことがあったら「それはダメなんじゃないの？」というなど、アライになっていっしょに職場環境を変えていただければと思っています。

Q & A

トに参加して楽しかった」などのポジティブなことをさりげなく流してくださるといいですね。周りの方がいっしょに参加できるアクションを共有するのもいいと思います。例えば同性婚の訴訟に対する署名の活動があったら、「応援しています。サインしました」などと書き込むと、あなたの周りの人は「そんなのがあるんだ」と気づいて行動できる。親しい人には、あなたが応援しているものは応援したい気持ちがあるので、個人的な行動の方が大きな影響を持つことがあります。自信を持ってやってください。

Q 大学職員です。私の大学にセクシュアル・マイノリティのためのセンターはありますが、職員や教員の人事制度は整っていません。人事部は「そういう人は何人くらいいるの」という反応です。制度を整える大切さを伝えるポイントは何ですか。

A 大学も一つの組織ですので、他大学の動向には敏感に反応します。1番目にはなりたくないけれど最後にもなりたくないのです。いくつかの大学がPRIDE指標に応募して指標を取っていますし、これに似た仕組みを2020年に大学間のネットワークで発表しています。それを参考に説得するのがいいでしょう。他大学や企業でカミングアウトしている方の話を聞く機会を設けるのも有効です。目の前にいる当事者の声を否定できません。生の声を届けていくと伝わりやすいと思います。

Q PRIDE指標への応募は大企業が多いようです。中小企業が取り組めないのはなぜでしょうか。指標を取っている中小企業にはどういう特徴があるのでしょうか。

A 中小企業にとってハードルになるのは人材です。大企業にはダイバーシティやインクルージョンを専門に担当する部署があるのですが、中小企業の場合は、人事や広報、総務の担当者が兼任していることが多く、LGBTQのことまで手が回らないのです。そういうなかでも頑張っている中小企業には、必ず熱い思いを持つ現場担当の方がいます。中小企業を巻き込んでいけるようにすることが、私たちの課題だと思います。

誰もがアライに
社会的スティグマを解消する

大賀一樹 [1][3][4]　NPO法人共生ネット共同代表、臨床心理士、公認心理師

原ミナ汰 [2][5][6][7][8]　NPO法人共生ネット共同代表

1 アライという言葉の定義

ゲイ・ストレート・アラ
イアンス(Gay-Straight
Alliance)
　LGBTQの学生とス
トレートの学生が協働
でホモフォビアやトラ
ンスフォビアの解消を
目指す活動を行ってい
る団体。

ソドミー法
　「自然に反する」と
いうような婉曲的な表
現によって特定の性行
為を犯罪とする法律の
こと。この法律が異性
カップルに適用される
例は稀で、ほとんどが
同性間の性行為に対し
ての適用であり、主に
同性愛者等への実効的
な差別をもたらしてい
るとされる。

　アライ（Ally）の言葉の定義については、さまざまなものがあり、一概にこうですという形式的なものは存在しません。始まりについても諸説ありますが、発祥は北米にあるLGBTQ支援団体の「**ゲイ・ストレート・アライアンス（Gay-Straight Alliance）；通称GSA**」の活動が原点といわれています。特に異性愛者でこのような活動を行う人のことを「ストレート・アライ」と呼ぶようになったとされます。

　現在では、ストレートかどうかに言及することなく、「アライ」と呼ばれるようになっており、例えば同性愛者など性的指向におけるマイノリティ性をもつ人々がトランスジェンダーの人々の支援や権利擁護を表明する場合や、その逆で、トランスジェンダーなど性自認におけるマイノリティ性をもつ人々が同性愛者の人々の支援や権利擁護をするさいなどにも用いられます。

　図表1は、イリノイ大学カウンセリングセンター内のLGBTアライネットワークで掲げられているアライの定義です。イリノイ州は、アメリカで最初に刑法から**ソドミー法**を除いた州として有名であり、世界的に有名なシカゴプライドパレードなども開催されています。

　この定義を読むと、アライという言葉には、性的マイノリティへの積極的な関心とともに権利擁護を行い、パワフルに状況を変えていくようなイメージが込められているように感じます。LGBTQへの支援というのは、傷ついた人たちを支援するカウンセリングだけではなく、アライに基づく信念によって、社会文化的な背景を知り、

図表1　アライの定義

1．LGBTQIA個人の味方になることが自己利益なると信じている人

2．性自認や性的指向に関する知識に自ら満足できるまで学ぼうとする人や、LGBTQIAの課題を理解し続けようと努める人

3．ゲイ・レズビアン・バイセクシュアル・トランスジェンダーという言葉をいうことに抵抗がなく、むしろ快適に使える人

4．抑圧された心の動きを理解しようと努め、その抑圧的な行為を特定し、他者の抑圧的な行動に介入する準備がある人

5．あらゆる（抑圧された）マイノリティグループの味方になろうと努める人

6．同性愛嫌悪、トランスジェンダー嫌悪、異性愛中心主義、シスジェンダー中心主義に対して、個人的に向き合い／たたかう感覚を身につけている人

7．LGBTQIAの人々がカミングアウトするのと同じように、アライであることを公にカミングアウトし、LGBTQIAをサポートすることを宣言する人

8．LGBTQIAの個人が力を失い声を出せないとき、代わりにその人と連携しながらその人のニーズを表明することができる人

9．時々起こる自分自身や他者の失敗を予測し、落胆してしまうようなときも決してあきらめない人

10．LGBTQIAの人々が所属するコミュニティの重要性をマジョリティに伝え、アライになるよう勇気づけたり、自らもコミュニティに所属しているような感覚を身につけられる人

11．自分が擁護しているLGBTQIAと同じようなハラスメントを受けたり、同じように不当に扱われたりする恐れがあることを認識し、そのようなときに「私は異性愛者だから」「私はLGBTじゃないから」というような形で、自分のマジョリティ性を「社会適合的な証明」のように使うことを避ける人

12．自己弁護的、皮肉的、脅迫的にならずに個人と対処／対峙するように努める人

イリノイ大学カウンセリングセンターLGBTアライネットワークより引用、大賀一樹邦訳

差別に対抗するためのあらゆる積極的な是正を行う姿勢をもつことだといえるでしょう。

LGBTQIA
　(L) レズビアン、(G) ゲイ、(B) バイセクシュアル、(T) トランスジェンダー、(Q) クエスチョニング（クィア）、(I) インターセックス、(A) アセクシュアル

2　誰もが、誰かのアライになれる

　アライ初心者からよく出るのは「アライって誰のこと？」という質問です。「アライとはLGBTQ支援者のこと」、「アライと名乗るのはLGBTQではない人」、「アライはマジョリティに属する人」という答えが返ってきますが、これはいずれも正確ではありません。現在アライの定義は拡大しています。

　性的マイノリティのなかには、アイデンティティを強くもつ人、

まったくもたない人、もちにくいと感じる人などがいます。相談現場で話を聞いている限り、特にB・Q・A・X／NB（ノンバイナリー）は単一的なアイデンティティをもちにくいようです。

アライの定義をスペクトラムでとらえる

アライの定義も、同じぐらい多様性があり、流動的です。多くは、性的マイノリティ本人ではありませんが、その家族、遺族、友人、援助者などです。人権課題として大事だと考えている行政職員、地元の支援者、専門家や社会事業家もいるでしょう。そのなかでも、アライであると表明する人、考え中の人、言葉にはしないがサポーティブな人などさまざまです。また、LGBTQでありかつアライであると自認する人、当事者であるといい出しにくいためアライを名乗って活動する人などが混在しています。アライとして活動するうちに、自分が性的マイノリティであるという自覚が生まれた、いう場合もありますし、逆にかつてのパートナーが同性だったが、いまはアライとして活動している、という人もいます。これを視覚化したのが**図表2**です。

自己開示しなくても支援は可能です。つまり、LGBTQがアライになれないわけではなく、むしろ「誰もが、誰かのアライになれること」が重要なのです。ストレートアライだけでなく、さまざまなアライがいることを忘れないでください。

図表2　アライのスペクトラム

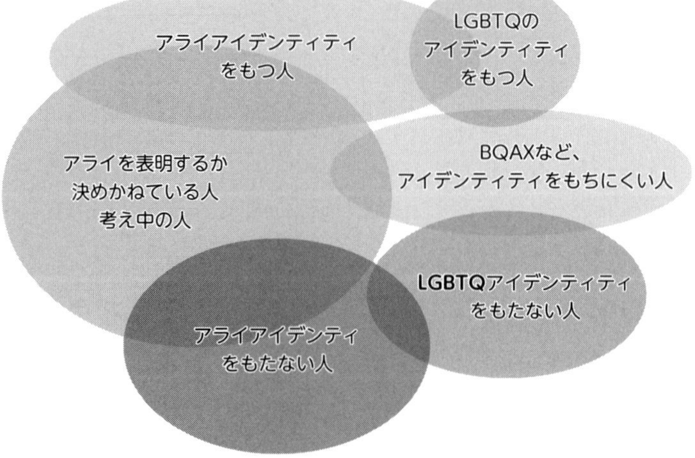

3 自分の職場を点検してみよう

個人作業とグループワーク

　先ほどのアライの定義を頭に入れながら、社会文化を構成する一人として、自分自身が所属する企業や施設や学校、あるいは団体などについて点検してみましょう。

(1)個人作業として、「**PRIDE指標** (2020年度版)」(➡Lecture 15「プライド指標による企業評価」) を参考に、自分の職場にあてはまると思う指標は〇、あてはまらない・わからない場合は△をつけてみましょう。

> **PRIDE指標**
> Work with Pride「PRIDE指標2020レポート」に「巻末資料：PRIDE指標全文」が掲載されている。
> https://workwithpride.jp/wp/wp-content/uploads/2020/12/prideindex2020_report.pdf
> 1.〈Policy：行動宣言〉、
> 2.〈Representation：当事者コミュニティ〉評価指標
> 3.〈Inspiration：啓発活動〉評価指標
> 4.〈Development：人事制度、プログラム〉評価指標
> 5.〈Engagement/Empowerment：社会貢献・渉外活動〉評価指標

1.〈Policy：行動宣言〉評価指標

評価項目（以下1～8の間で2つ以上で1点）

- □ (1) 会社としてLGBTQ等の性的マイノリティに関する方針を明文化し、インターネット等で社内外に広く公開している。
- □ (2) 方針に性的指向という言葉が含まれている。
- □ (3) 方針に性自認という言葉が含まれている。
- □ (4) 会社の従業員に対する姿勢として定めている。
- □ (5) 従業員の行動規範として定めている。
- □ (6) 採用方針として学生等に伝えている。
- □ (7) 経営トップが社内外に対し方針に言及している。
- □ (8) お客様・取引先に対する方針を明文化し公開している。

(2)グループ作業として、グループ内で個人作業をした感想をシェアしましょう。特に、①何個〇がついたか、②どの評価項目の〇が多いか／少ないか、③やってみて気づいたこと等をシェアすることをお勧めします。

全体シェアリング

感想1　実際にやってみたら、職場の規則やルール自体を知らないことが多く、△が多くなってしまった。これは、LGBTQや多様性について、いままで身近な問題として主体的に考えていなかったことが原因だと深く考えさせられた。自分自身が勤めている会

社が多様性にどう対応しているのかを知っていくことからでも、偏見を解消していくために動いていけるのだなと感じた。

感想2　自分自身が所属する団体は、ほとんどの項目で〇がつくと思ったけれど、性的指向の課題に偏って対応していた。トランスジェンダーなどの性自認の課題を持つ人への対応がまだまだではないかと思った。

感想3　組織がつくったルールのなかでは、多様性への配慮が十分に払われているように見えるが、実際の現場には浸透しなかったり、そもそもモラハラやパワハラなど、ハラスメント全体の課題が解消されていないように感じる。問題を抱えたり、困り感が発生するのは、だいたい組織のなかでも管理職というより一般職員や非正規雇用の人々だと思われるので、そうした人が相談できたり、実際に解決につながる仕組みをつくっていく必要があると感じた。

4　誤解・偏見を含んだ質問への対応を考えよう

　アライとして、これから生きていくなかで出会うさまざまな偏見や差別的言動を含む発言にどう対応するかを考えていきましょう。**図表3**は、当事者やこのような課題に関心がある人にとっては、かなり辛い発言が並んでいます。無理に読んでいただく必要はありません。しかし現実は突然このような質問や発言がなされることも事実です。支援者として事前にシミュレーションしておくことで、パニックにならず冷静に対応できるかもしれません。

図表3　LGBTQへの誤解・偏見を含んだ質問例

1. ゲイって結局オネエのことですよね。
2. トランスジェンダーの方は見た目があいまいだから男女トイレを使うべきではないですよね。
3. LGBTQかどうかは病院で診断が出るのですか。
4. LGBTQは育て方のせいでそうなるのですか。
5. 知り合いにたぶんLGBTの人がいますが、本人に確認したらマズいですよね。

筆者作成

グループワーク

グループワークで、以下の2つの作業を行います。

(1)質問項目を1つないし2つ選び、どこに誤解や偏見が含まれているのかについてグループで確認しましょう。

(2)グループ内のメンバーそれぞれが、図表3のような質問を受けたとき、どのような態度や行動をするか、あるいは発言をするか／しないかについて考え、アライとしてどのような対応があり得るか、シミュレーションしたことをシェアしましょう。1つの正解やゴールをつくるのではなく、自分自身が実践できそうなものをまずは手に入れることをゴールにしましょう。

全体シェアリング

感想1　どこに誤解や偏見が含まれているかについて、いろいろな意見があり、参考になった。自分が気づかないような言葉や、ふだん受け流してしまいそうな言葉にも、性に関する偏見はたくさん含まれているのかもしれないことを、もっと自覚していく必要があると感じた。

感想2　とっさにどう反応するかと考えると、難しくて、自分はその発言をされたらすごく嫌でフリーズしてしまうかもしれないと思った。ほかの参加者にそれをシェアしたところ、自分で解決しなくても、守秘義務がある場所に相談することも対応としてありではないかという意見があり、自分一人で抱え込む必要がないことに安心感を覚えた。

感想3　まずは正しい知識をつけて、自分が差別しないといくら思っても無意識にしてしまうかもしれないことを自覚し、相手を傷つけたらきちんと向き合おうという気持ちが芽生えた。この課題に限らず、コミュニケーションにおいてはケースバイケースのこともたくさんあると思うが、これからも知ることや学ぶことを実践していくアライでいたいと感じた。

5 　当事者かアライかの二元論の落し穴

　ときにLGBTQの仲間から「あの人はアライ？それとも当事者？」という質問を受けると返答に窮します。Ｘジェンダーの人が「男なの？女なの」と聞かれて困るのと同じで、どちらか一方なのか、どちらもなのか、私にはわかりません。アライの定義はこれまでもさまざまな形で進化してきましたし、すでにお話ししたように流動的です。私自身は「アライとは、誰もが安心して暮らし、働き、交流できる社会づくりをともに担う人」と定義しています。

マジョリティも多様

　いまの社会が、異性愛男性を中心に社会経済を回してきたのは否定しようがない事実です。キャリアも生計維持も福利厚生もすべては「異性愛のシスジェンダー男性」を第一義に考え、サポートする「男性ファースト社会」。そのため戸主や世帯主は男性であるべき、夫婦別姓や同性婚はダメなど、さまざまな問題が派生しています。そして私たちの大多数がこの社会の一員として、それに自動的に組み込まれ、依存し同調しているように見えます。

　しかし、性的マイノリティが多様なように、マジョリティも実は多様で、同調する人ばかりではありません。「アライ」という存在が価値をもっているからこそ、「当事者かアライかという二元論の落とし穴」にはまらないことが大事です。

6 　アライはどこに？──職場や地域の事例から

事例　ある人が物件探しでカレシと不動産屋に行きました。関係を聞かれたので正直に「パートナー同士です」と話したところ、不動産屋に「男同士が手をつなぐと怖がる人がいるから無理です」と言われ、斡旋を断られてしまいました。

　これはホモフォビア（同性愛に対する嫌悪）の典型ですが、ここにはどんな見落としがあるのでしょう。

感想 「怖がる人がいるから」というのは拒否の理由としてはおかしいと思います。なぜかというと、目の前にいる人を差別するさい、他人の意見を根拠として、それがあたかもマジョリティの視点のように伝えているからです。

「アライ宣言」をしていなくても、アライはいる

その通りです。ただ、実はマジョリティも多様でしたよね。なかには男同士が手をつなぐと怖がる人もいるでしょう。でも、何件もアパートの斡旋に同行するとわかるのですが、みんながそうかというとそんなことはありません。貸主や管理会社の社員のなかにもLGBTQやアライはいます。貸主にも仲介人にも、当事者の家族がいるかもしれない。不動産屋の「怖がる人がいるから」という発言が間違っているのは、まるで「男同士のカップル」である彼ら以外の全員が「LGBTQやアライとは無縁である」という想定だからです。私もトランスジェンダーの方といっしょにアパートを探したことがありますが、何件も断られながらもそのうち「以前もそういう人に貸したが、何の問題もなかった。今回もどうぞ」という貸主さんに出会い、ダメもとで頼み込んでもらってよかった、と思いました。

「アライ宣言」をしていなくても、アライはいるのです。LGBTQがカミングアウトするまで「いない」と思われるのと同様、アライもカミングアウトするまでは「いない」とされてしまっています。その上「アライ表明していない人は、みんなLGBTQに偏見をもっているはず」という強いバイアスがかかっています。しかし、何事もやってみないとわかりません。こういう場合は、通常通り申し込みを行い、こちらの要望と状況を貸主にしっかり伝えてみましょう。同性カップルで申し込むことで貸主への啓発にもなり、考えも変わるかもしれません。「ゲイだけれどなんか真面目そう」だとか「この2人だったら頼りになりそう」などと感じる年配者もいるかもしれません。

業界では、もう一歩進んで、斡旋希望欄に「LGBTQフレンドリー」の項目を加えたり、貸主がLGBTQもOKといったらその旨を備考欄に記載したりするなどの工夫をしているところも出てきました。

世の中をアライ化する

埋没しがちなアライの存在

　企業研修に行くと、アライの方から「これからはLGBTQを積極的に雇用すべきでしょうか」との質問があります。これには「表明していないだけで、すでに職場にいますよ」と答えます。今後ももちろん積極雇用してほしいのですが、まずはすでに職場にいることを前提に、しっかり対応してほしい。声を出した人だけがLGBTQだと思い込むと、現に黙々と働いている人たちが息苦しくなることもあります。もっと配慮が必要と思う人もいれば、何も変える必要はないと思う人もいます。「現状維持バイアス」が強すぎると改善が進みませんが、最低限、同じフロアにLGBTQがいることを忘れないようにしましょう。

　学校、地域、職場などでは、当事者の存在と同じように、アライの存在も埋没しがちです。

　アライにとっても、カミングアウトしにくい領域は本人と同じです。個人対個人のミクロ領域では表明しやすいですが、職場、自治会、学校、ママ友などになると急に伝えにくくなります。当事者には「味方だよ」といえても、生活領域では他者にはいいにくいのです。

アライを育てる

　それでも集合体としてのアライの出現は、当事者にとって大きな救いです。アライがいてくれると、会話が弾みクローゼットの閉塞感を解消できますし、毎回自己開示しなくても仲間への支援が可能となります。LGBTQであることをあえて明かさなくてもLGBTQの人権擁護ができ、自分と似た立場の他者を支援することで、社会環境によい変化をもたらすことができます。アライの集合体にはそういう力があるので、価値ある集団としてきちんと位置づけ、アライを育てていかなければなりません。

　冒頭の**図表1**は、表現活動が非常に活発なアメリカでの定義です。肝心なことを言語で表現しない日本の風土に置き換えると厳しい要件に映りますが、遠くても目標があるのはいいことです。LGBTQ

にとっても、どんなマイノリティにとっても、アライの集まる場は、自分の意見がいえて楽になれる場ですので、世の中をアライ化することが何より大切です。

アライといっしょに取り組めるように

　これまでは、性的マイノリティ本人が学校で先生に話をしたり、行政に働きかけたり、職場で改善を求めたり、地域やメディアでカミングアウトしたり、法律に訴えるなどさまざまな形で、苦痛となる社会規範を変えてきました。ある時点までは、ほとんど誰の助けもなくすべて自分たちで進めてきた改革ですが、この一連の作業を今度はアライの人たちが担ってくれる兆しが見えます。LGBTQ が一人何役もやりながら格闘し、疲弊してバーンアウトしていた従来の形から、今後はアライの人々がきちんと話を受けとめて、周囲につなぎ、いっしょに性別規範や規則・法律を変えるサポートをしてくれるようになりつつあります。

　例えば、LGBTQ 当事者が1人で、あるいは集団で提訴した場合は、弁護士がサポートしてくれるようになりました。昔は受けてくれる弁護士を探すだけでも一苦労でしたが、いまではアライ弁護士が担ってくれます。

社会的スティグマ解消に、アライは不可欠

　ある企業に採用され、人事部や同僚、職場の先輩や上司などに順々にカミングアウトするとしましょう。その企業では、採用・労務相談窓口、直属の上司、管理職、さらに産業医や行政、商工会議所などとも協力して「ハラスメント防止規則にSOGIハラやアウティングが加わりました」という通知や広報を回覧したり、研修を実施したりする必要がでてきます。

　それ以外にも、社内規定の改正、自治体条例・行政の取り組みの充実、国の法律、福祉など、本人一人ではとてもすべてカバーし切れない部分を、アライが担い始めています。これこそが社会のスティグマを解消する活動です。周囲がアライとしてカミングアウトすることが、スティグマ解消には不可欠で、社会を大きく変える鍵といえます。

　企業のダイバーシティ担当者からは、「職場で何から手をつければいいのか」とよくたずねられます。認定NPO法人虹色ダイバーシティと国際基督教大学ジェンダー研究センターがウェブ上で共同実施した「**LGBTQに関する職場環境アンケート調査 niji VOICE**」によると、「まずは職場でアライを増やす」ことがもっとも有効なようです。その理由は、職場にアライが増えると、職場のLGBT施策も増え、LGBTQ当事者の勤続意欲が高まるからです。アライのいる職場では当事者の76.8％が「勤続意欲が高い」と回答しているのに対し、アライのいない職場では51.8％と下がります。また、LGBT施策を導入していない職場において勤続意欲をもつ当事者は58.7％なのに対して、施策の多い職場では86.5％の当事者が勤続意欲をもっていると答えています。

アンケート調査を読み解く

　この調査で、シスジェンダーLGB、トランスジェンダー、**シスヘテロ**の別に「職場でどんなLGBTQ施策を希望するか」をたずねたところ、シスヘテロの人たちの希望で一番高かったのは「福利厚生での同性パートナーの配偶者扱い」で70.3％、次に「差別の禁止の明文化」（59.4％）、「職場での性的マイノリティに関する研修、eラーニング」（55.2％）「トランスジェンダーの従業員へのサポート」（55.4％）、「（従業員の）相談窓口の設置」（53.2％）「経営層の支援宣言」（50.3％）と続きます。研修や相談窓口設置への希望が、シスジェンダーLGB、トランスジェンダーよりも多いのが特徴的です。

　「相談窓口の設置」を望むシスヘテロの人たちは53.2％ですが、当事者（シスジェンダーLGB、トランスジェンダー）からの希望は40％程度です。LGBTQ当事者たちはそれをそれほど優先課題だとは思っていません。この開きはなぜか考えてみましょう。相談窓口を実際に利用する人の大半は当事者なので、より慎重です。「あっても使いづらい」、「情報がもれたらどうしよう」、「やたらに相談で

「LGBTに関する職場環境アンケート調査 niji VOICE」
https://nijibridge.jp/report_cat/workplace/
2020年

シスヘテロ
　シスジェンダー（生まれたときに割り当てられた性別と、性自認とが一致している人）かつ、ヘテロセクシュアル（異性愛者の人）

きないな」と思っているのではないでしょうか。そういうギャップに注目してください。

違いを生むのは期待感の差

　また、調査では、実際に職場でどんなLGBT施策が行われているか聞いています。「特に何の対応もない」という回答がどのカテゴリーでも多いのですが、詳しく見ると、シスヘテロでは38.8％であるのに対し、シスジェンダーLGBが63.0％、トランスジェンダーが69.5％と、性的マイノリティ当事者は職場で何も対応されていないと感じる割合が高いのがわかります。この違いを生んでいるのは期待感の差です。当事者たちは密かに期待して動向を見守っている分、さしたる変化がないとがっかりします。対応の兆しが見えると心が踊りますが、実際に職場で行われていることは、アライのシンボルマークをつくるなど小さな一歩に過ぎません。なぜそんなに期待をするかというと、ニーズがあるからでしょう。

　相談を受ける側は、こうした調査結果から、アライと当事者の期待感の違い、温度差を読み取っておくことも大切です。

今日からできるアライとしての取り組み

情報提供・収集・集約
・LGBTに関する参考資料を図書資料として配架する。
・照会先をもつ。地元、広域のLGBT団体、家族会、大学サークルなど理解ある支援機関とつながる（中域・圏域対応）。
・性的指向・性自認関連の不都合や困りごとの集約先を決める。
・社員研修を実施し、職場環境を改善する。

アドボケート
・社内方針や施策を本人に代わって問い合わせる。
・家族やパートナーの悩みを聞く場を設ける。
・SOGIハラ・アウティング防止啓発に取り組む。

システム改正
・社員、顧客、利用者の名札表記に配慮する（どう書けば混乱が少ないか、本人と打ち合わせする）。
・社員、顧客、利用者の個人情報欄、問診票等の性別選択肢を増やす。
・問診票の家族欄に「パートナー」を追加する。
・集団的解決のシステムを構築する。
・e-ラーニングを導入する。

講師一覧 (掲載順)

大賀一樹（たいが　かずき）

臨床心理士、公認心理師、GID学会認定医療・教育コーディネーター。「Xジェンダー／ノンバイナリー」であることをオープンにし活動。NPO法人共生社会をつくるセクシュアル・マイノリティ支援全国ネットワーク共同代表、東京都公立学校スクールカウンセラー、早稲田大学ジェンダー・セクシュアリティ（GS）センター、日本女子大学ジェンダー・カウンセラー、東京経済大学人権コーディネーターなど非常勤にて多数活動。

角田由紀子（つのだ　ゆきこ）

弁護士。1986年から東京・強姦救援センターの法律顧問。1989年、日本初のセクシュアル・ハラスメント裁判の原告代理人の一人となるなど、性暴力関連事案を多数担当。明治大学法科大学院で「ジェンダーと法」の講座担当（2004-2013年）。著書に『性と法律──変わったこと、変えたいこと』（岩波新書、2013年）、『脱セクシュアル・ハラスメント宣言』（共編著、かもがわ出版、2021年）ほか。

景山ゆみ子（かげやま　ゆみこ）

臨床心理士、公認心理師。医療ソーシャルワーカーを経て、1988年より横浜女性フォーラム（現男女共同参画センター横浜）、名古屋市男女平等参画推進センターで女性総合相談の立上げ、相談事業を担当。現在は、世田谷区立男女共同参画センター、同区配偶者暴力相談支援センター、川崎市男女共同参画センター等で、相談員のスーパービジョン、研修を実施。著書に『相談の理論化と実践─相談の女性学から女性支援へ』（共著、新水社、2005年）。

原ミナ汰（はら　みなた）

幼少時より性別の境界領域で暮らし、翻訳・通訳業の傍らレズビアンのサポートグループ、性被害のピアサポートを経て、現在はXジェンダー／ノンバイナリーの立場から、国や地方自治体のLGBTQ相談と支援者養成に注力。NPO法人共生社会をつくるセクシュアル・マイノリティ支援全国ネットワーク共同代表、一般社団法人LGBT法連合会代表理事、文京区男女平等推進会議委員。著書に『にじ色の本棚』（共編著、三一書房、2016年）ほか。

金井　聡（かない　さとし）

社会福祉士、精神保健福祉士。一橋大学大学院博士課程在学中。2003年より、障害がある人の地域での暮らしや住まい、働く場づくりに取り組む。現在、東京ボランティア・市民活動センター相談担当専門員として、市民活動団体やセルフヘルプ・グループなどの相談に携わるほか、LGBTハウジングファーストを考える会・東京の運営スタッフや世田谷区立男女共同参画センターらぷらす「世田谷にじいろひろば」ファシリテーターなどを務める。

森　あい（もり　あい）

弁護士（阿蘇法律事務所）。「結婚の自由をすべての人に訴訟」（いわゆる同性婚訴訟）の九州弁護団員。セクシュアル・マイノリティにも住みやすい熊本にするグループ「くまにじ」や大分の「SOGIE（LGBT）サポートチームココカラ！」でも活動。論文「暴力DVは異性間だけの問題か？」（『セクシュアリティと法　身体・社会・言説との交錯』法律文化社、2017年、所収）など。

鈴木純子 (すずき　じゅんこ)
性暴力被害者支援に携わりつつ、東京都内福祉事務所で14年間、婦人相談員として勤務。各地の配偶者暴力相談支援センターや男女共同参画センター、NPO法人女性の安全と健康のための支援教育センター等でDV被害者・困窮女性支援に関する研修講師を務める。共著書に『ドメスティック・バイオレンスサバイバーのためのハンドブック』(明石書店、2000年)

稲葉　剛 (いなば　つよし)
1994年から路上生活者を中心とする生活困窮者への支援活動に取り組む。一般社団法人つくろい東京ファンド代表理事、認定NPO法人ビッグイシュー基金共同代表、立教大学大学院客員教授。著書に『閉ざされた扉をこじ開ける』(朝日新書、2020年)、『コロナ禍の東京を駆ける』(共編著、岩波書店、2020年)、『ハウジングファースト』(共編著、山吹書店、2018年) など。

岡田実穂 (おかだ　みほ)
性暴力被害の支援団体「レイプクライシス・ネットワーク (RC-NET)」代表。LGBTIQAに特化した性暴力被害の支援団体「Broken Rainbow Japan (代表 宇佐美翔子)」理事。2つの団体を通じ、性暴力、とくにLGBTQなどへの性暴力被害者支援とともに、政策提言や相談、研修講師などを行っている。論文に「差別の表象としての性暴力——声なき声を聞く場を創り続けるために」(『女たちの21世紀』No.98、アジア女性資料センター、2019年) など。

柘植道子 (つげ　みちこ)
一橋大学保健センター障害学生支援室特任准教授、テンプル大学カウンセリング心理学博士課程 (アメリカ心理学会認定) 修了、博士 (カウンセリング心理学)、臨床心理士。著書に『ジェンダーの心理学ハンドブック』(共著、ナカニシヤ出版、2008年)、『セクシュアル・マイノリティへの心理的支援』(共著、岩崎学術出版社、2014年)、『健康心理学事典』(日本健康心理学会編、丸善出版、2019年)。

山口さとる (やまぐち　さとる)
臨床心理士、精神保健福祉士。高校生時代からトランスジェンダー (MTF) であることを周囲に公言している。心理職として精神障害者の地域生活支援を行い、精神科病院デイケア、精神障害者共同作業所、精神障害者グループホームなどのキャリアを重ねる。2005年から利用期限2年以内の完全通過型グループホーム「いちごLiving」(世田谷区羽根木) 施設長。

松尾真治 (まつお　しんじ)
倉敷市立西中学校教頭。講義時は、倉敷市教育委員会人権教育推進室指導主幹。教育委員会在任中に、性の多様性に関する学習プログラムを「倉敷モデル」として構築。その内容は「人権教育実践資料3　性の多様性を認め合う児童生徒の育成Ⅱ」としてまとめられ、2018年度法務省人権啓発冊子法務大臣表彰最優秀賞を受賞した。雑誌への寄稿多数。NHK教育番組の番組委員も務める。

松中　権 (まつなか　ごん)
2017年6月まで広告会社電通勤務。NPO法人グッド・エイジング・エールズ代表、work with Pride事務局／PRIDE指標事務局、一般社団法人Marriage for All Japan (結婚の自由をすべての人に) 理事。2016年、第7回若者力大賞「ユースリーダー賞」受賞。全国のLGBTのポートレートをLeslie Keeが撮影する「OUT IN JAPAN」や、2020年を起点としたプロジェクト「プライドハウス東京」等に取り組む。

編著●社会福祉法人共生会SHOWA

昭和女子大学によって2005年に設立された特定非営利法人NPO昭和を
母体として、2019年設立（理事長 坂東眞理子）。2008年から世田谷区
立男女共同参画センターらぷらすの管理運営を、世田谷区から受託。男女
共同参画センターのほか、保育園、学童保育等を運営。

性的マイノリティ サポートブック

2021年11月10日　第1刷発行

編著者　©社会福祉法人共生会SHOWA
発行者　竹村正治
発行所　株式会社 かもがわ出版
　　　　〒602-8119　京都市上京区堀川通出水西入ル
　　　　TEL 075(432)2868　FAX 075(432)2869
　　　　振替01010-5-12436
　　　　URL http://www.kamogawa.co.jp
印刷所　シナノ書籍印刷株式会社

ISBN978-4-7803-1179-2 C0036